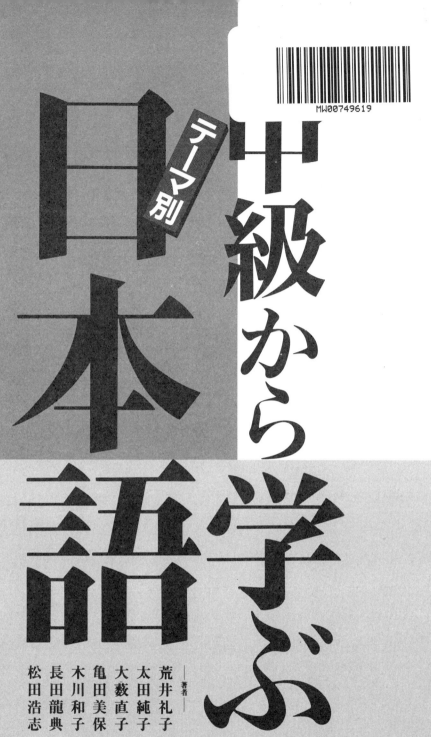

テーマ別

中級から学ぶ日本語

著者

荒井礼子
太田純子
大薮直子
亀田美保
木川和子
長田龍典
松田浩志

KENKYUSHA

は じ め に

　現在の日本語教育において、初級課程修了者、すなわち、300〜350時間の学習者を対象にした教材に適当なものが少なく、教育現場で試行錯誤が繰り返されてきた。当『中級から学ぶ日本語』は、そのような状況を打破するものとして、初級から中級、さらに、上級への橋渡しを目的に書かれたものである。

　『中級から学ぶ日本語』は、本テキストと別冊ワークブックの二部構成となっており、テキストには各課のテーマを表す本文とそれに基づく練習部分がおさめられ、別冊には、速読・聴解練習が含まれている。原則として、各課の新出文型・語彙の導入は本文でなされ、練習、速読、聴解部分には新出項目は一切含まれていない。各課のタイトルは、本文・練習・速読・聴解の4部分すべてのテーマを包括するような動詞が選ばれている。各部の取り扱い詳細については、『教師用マニュアル』を参照されたい。

　『中級から学ぶ日本語』の対象としている「成人学習者」は、日本語学習後、日本の大学・専門学校に進学し学習・研究を目指す人々、また、日本社会との関わりの中で仕事に従事する人々である。したがって、テーマの選択に関しては、上記のような環境において学習者が日常出会うできごと・直面するような問題を選び、学習者に興味を持たせると同時に、学習者が既に持っている意見を少しでも引き出せるように工夫した。また、複数の国から集った学生が構成するクラスを想定し、学習者が興味あるテーマについて自らの意見を述べ、あるいは文章に表す過程を通して、たがいの文化、思考方法を比較しつつ、学習者相互の日本語の総合力が伸ばせることを目指したものでもある。

　本教科書の作成にあたっては、日本語教育の現場に立たれる先生方に実際に使っていただき、多大のご助言・ご示唆をいただいた。また、今回出版の運びとなったのは、研究社出版部次長　大庭陽三氏のご理解、編集担当者　浦田未央氏の寛容な忍耐の賜物である。ここに、そのご協力を謝すと同時に、みなさまのご協力がよりよい日本語教育という形に結実し、少しでもご恩返しできることを心より願うものである。

YMCA 語学教育研究所

『中級から学ぶ日本語』を有効に使うために

1. 各課の構成とそのねらい

各課は、それぞれ、**本文・練習**(本テキスト)、**速読・聴解**(ワークブック)の4つのセクションから成り、全体を通して扱われるテーマを表わす動詞が、1課ごとに表題としてつけられている。4つのセクションが機能的に組み合わされて利用されれば、無理なく日本語の力が伸ばせるよう構成されている。

2. 各セクションの構成と使い方

本文——本文の中で、その課のテーマが紹介され、同時に、新しい文型・語彙・漢字も扱われる。本文に入る前の準備段階として、新出語のリストと、テーマ導入のための質問が設けられている。本文の書き手には、年令・職業等が異なる様々な人が登場する。

練習——/答えましょう/ ・ /使いましょう/ ・ /まとめましょう/ ・ /話しましょう/ ・ /書きましょう/ の5つに分かれている。/答えましょう/ は、本文が理解できているかどうかを調べる目的で使い、/使いましょう/ では、新しい文型・表現を練習する。/まとめましょう/ は、本文をまとめる練習が目的で、一つの例が提示されている。課が進むにつれて、例がなくてもまとめられるようになれば理想的である。以上ここまでの練習は、いずれも、まず口答で行い、その後、確認のためにもう一度書かせるという順序で使えば、より効果的である。次に /話しましょう/ は、本文について(A)、その課全体のテーマについて(B)意見の交換ができることを目的としている。/書きましょう/ では、口答では練習しにくい書き言葉に属する言い回し、あるいは文型を練習する。B は、A で練習したものを組み合わせ、さらに複雑な文の型を練習するものである。

速読——読解力を養うと同時に、読む速さを訓練する目的で、文型、語彙など、すべてが既習項目であり、題材もその課のテーマに沿ったものが選ばれている。10分以内に1,500字程度が読めるようになることをねらう。与えられた時間内に読み、内容理解チェックを目的に、○×式の質問に答えさせ、その後、確認の意味で質問文に対する答えを書かせる。

聴解——I・II に分かれており、I は会話形式のもの、II はそれ以外の状況、例えば、講演会・インタビューなどを模したものとなっている。生徒の聴解力を伸ばすことはもちろん、口語でしか使われない言い回しを紹介することをも目的としている。一度聞かせ理解度を計るために、10問の三者択一問題を使う。その後、書き取り練習をする。テープを聞かせるのは、2回が適当と思われる。

3. 語句の選択

「新しい言葉」には、『日本語初歩』（国際交流基金日本語国際センター）で学習対象になる語句を既習語句とし、それ以外のものを掲げるのを原則としたが、『初歩』以外で初級学習を終えた学生のために、重複して初出扱いしたものもある。

4. 漢字と振りがな

同様に、漢字も『初歩』を基準とし、本文下欄外に新出漢字を示した。＊を付した漢字は、既習漢字の読み替えである。「新しい言葉」に掲げた語句の漢字については、そのすべてに振りがなを付けたが、本文に関しては、新出漢字、ならびに、新しい読み方に限って振りがなが付けられている。

5. このテキストを使った授業の一例

a. 新出語の導入(理解が難しいと思われるものを中心に——練習で扱う言葉は、ここでは扱わない)

b. 「いっしょに考えましょう」の質問を使いながら、テーマの紹介

c. ／**使いましょう**／で扱われる項目の紹介（本文を読むのに困らない程度に）

d. 本文読解

e. ／**答えましょう**／（口答⇒ 書かせる）

f. ／**使いましょう**／（c. で導入したものを、使えるまで練習）

g. 聴解Ⅰ（テープを一回聞き理解度チェック。その後、書き取り練習）

h. ／**まとめましょう**／（口答⇒ 書かせる）

i. 速読

j. ／**話しましょう**／ Ａ

k. ／**書きましょう**／

l. 聴解Ⅱ（テープを一回聞き理解度チェック。その後、書き取り練習）

m. ／**話しましょう**／ Ｂ

n. 作文（／**話しましょう**／で述べた意見を作文にする。学生の力に応じて、関連語彙の導入。例えば、3課では、単身赴任、転勤等）

目　次

新しい言葉

例(たと)える	役(やく)に立(た)つ	口(くち)に出(だ)す
また 又	でも	額(ひたい)
便利(べんり)な	小判(こばん) 古銭	昔(むかし) 古時候
全然(ぜんぜん)	本棚(ほんだな) 書櫃	並(なら)べる 排列
是非(ぜひ)		

いっしょに考えましょう

1. あなたの国では、猫(ねこ)はどんな動物だと言われていますか。
2. 「猫のような人」と言われたら、どんな人のことを考えますか。
3. 犬はどうですか。
4. 「借(か)りてきた猫」という言(い)い方(かた)がありますが、どんな意味だと思いますか。
5. あなたの国で、話(はなし)の中によく出てくる動物は何ですか。

1

たとえる

　忙しくて忙しくて、だれでもいいから一人でも多くの人に手伝ってもらいたい。そんなとき、日本語では「猫の手も借りたいほどだ」と例えて言います。たとえ猫が手伝ってくれてもそれほど役に立つとは思えませんが、何か口に出して言いたいと思って、こう言うのです。

　また、「私の家には庭があります。でも狭いですよ」と言いたければ、これも「猫」を使って、「猫の額ほどの庭があります」と言います。猫にも、額の広い猫と狭い猫がいると思うので、日本語の分かる猫に聞かれたら、「失礼じゃないですか」と怒られてしまいそうです。

　まだまだたくさん「猫」のお世話になる便利な言い方はあるのですが、「猫に小判」という言い方ほど面白いものはないでしょう。小判は昔のお金ですから、今なら「猫に一万円」と言えば、意味が分かるでしょうか。高い辞書を持っていても、全然使わずに本棚に並べておくだけの人に、「猫に小判だね」と言うのです。

　猫だけではなく、犬、牛、馬など、人と昔から生活をしてきた動物たちを使った言い方がたくさんあります。皆さんの国の言葉にも「猫の手」や「猫の額」、そして「猫に小判」などと同じような言い方がありますか。あれば是非それを紹介してください。

忙　*伝　猫　借　*例　*私　庭　狭　額　*分　怒　便　判　面
昔　*味　然　棚　並　皆　是　非　紹　介

答えましょう

次の質問に答えてください。

1. 忙しくてだれかに手伝ってもらいたいとき、何と言いますか。
2. そう言ったら、本当に猫が手伝ってくれるのでしょうか。
3. どうしてそう言うのですか。
4. 「庭があるけれど、とても狭い」と言いたいときにも猫を使って言います。何と言いますか。
5. 猫を使った言い方はほかにどんなものがありますか。
6. それはどんな意味ですか。
7. どういうときに、それを使いますか。
8. どうして猫や犬、牛、馬などを使った言い方が多いのでしょうか。
9. あなたの国にも「猫に小判」と同じ意味の言葉がありますか。
10. あなたの国ではどんなとき、動物を使って例えて言いますか。

使いましょう

A 「～と言います」という言い方を練習しましょう。

例： じょうずにおよぐ人を見たとき、「魚のようだ」と言います。

1. まだ四月なのにとても暑いとき、「夏のようだ」と言います。
2. かわいい女の子を見たとき、「人形のようだ」と言います。
3. 寒くて手が冷たくなったとき、「氷のようだ」と言います。
4. 狭い庭　　　とき、「猫の額ほどの庭」と言います。
5. 意味が分から　とき、「猫に小判」と言います。
　　ない
　　物が使わない

B 「たとえ～ても」という言い方を練習しましょう。

例： たとえ猫が手伝ってくれても、それほど役に立つとは思えません。

1. たとえみんなでそうじをしても、あまり　きれい　とは思えません。
2. たとえ高い物を使っても、それほど　良い　とは思えません。
3. たとえタクシーで行っても、　速い　とは思えません。
4. たとえ　下手　ても、それほどじょうずになるとは思えません。
5. たとえ　なく　ても、それほどこまるとは思えません。

C 「～ほど～はない」という言い方を練習しましょう。

例： 面白い言い方はいろいろありますが、「猫に小判」という言い方ほど面白いものはないでしょう。

3

1. 私の国に山はたくさんあるのですが、＿＿＿＿＿＿ほど＿＿＿＿＿＿はないでしょう。

2. 人間といっしょに生活してきた動物はいろいろありますが、＿＿＿＿＿＿ほど＿＿＿＿＿＿はないでしょう。

3. おいしいものはたくさんありますが、＿＿＿＿＿＿ほど＿＿＿＿＿＿はないでしょう。

4. いろいろな言葉を習いましたが、＿＿＿＿＿＿ほど＿＿＿＿＿＿はないと思います。

5. いろいろな所へ旅行しましたが、＿＿＿＿＿＿ほど＿＿＿＿＿＿はありませんでした。

まとめましょう

下線に言葉を入れて本文をまとめてください。

　　日本語には 例えばなし がいろいろあります。「猫の手を借りたい」や「猫の額」や「猫に小判」など、どれも面白い言い方です。どの国にも 例えばなし がありますが、これはその動物が かわいい からだと思います。

話しましょう

Ⓐ　第1課を読んで、ある人が次のように言いました。あなたはどう思いますか。

　　「動物の名前を使ったような言い方は、面白くて便利です。でも、私のように日本語を習っている学生には、むずかしいです。私はおぼえようとは思いません。『猫の額』よりも『狭い』という言葉をおぼえるほうが、もっと大切だと思います」

Ⓑ　あなたの国で、子どもでもおとなでも知っている面白い言葉を教えてください。

書きましょう

Ⓐ-1　＿＿＿＿＿＿て、＿＿＿＿＿＿て、だれ(に)でもいいから、＿＿＿＿＿＿てもらいたかった。

　例：うれしい → うれしくて、うれしくて、だれ(に)でもいいから、話を聞いてもらいたかった。

1. むずかしい　→

2. さびしい　→

3. つらい　→

A-2 ＿＿＿＿＿て、＿＿＿＿＿ほどだった。

例： おかしい → おかしくて、おなかが痛くなるほどだった。

1. 高い → 高くて、目が飛び出すほどだった。

2. 寒い → 寒くて、痛いほどだった。

3. おいしい → おいしくて、顎を落ちるほどだった。

B ＿＿＿＿＿たら、＿＿＿＿＿ので、＿＿＿＿＿て、＿＿＿＿＿ほどだった。

例： トムの昔の写真を見た ⇨ 今と全然ちがっていた ⇨ おかしい
　　→トムさんの昔の写真を見たら、今と全然ちがっていたので、おかしくて、おなかが痛くなるほどだった。

1. 家に帰った ⇨ 国の友だちから手紙が来ていた ⇨ うれしい　→

2. 友だちに料理を作ってもらった ⇨ しおとさとうをまちがえた ⇨ からい　→

3. 映画を見に行った ⇨ 日曜日だった ⇨ 人が多い　→

5

第 2 課

新しい言葉

(招待)状	クラブ	ずっと
決まる	にこにこする	広告
直す	(1)DK	マンション
(六)畳	(一)間	国際
大丈夫	家庭	しばらく
ごぶさたする	さて	過ぎる
思い出	始める	記念
知らせる	どうか	楽しみにする
日時	場所	会館

*DK＝ダイニングキッチン

いっしょに考えましょう

1. 日本へ来てから、どんな人に手紙をもらいましたか。
2. 今までもらった手紙やカードの中で、一番うれしかったものは何ですか。
3. どんなときに手紙を書き、どんなときに電話をかけますか。
4. 友だちや家族に自分の気持ちを言いたいとき、手紙と電話と、どちらがいいですか。
5. 日本人やほかの国の友だちと話すとき、どんなことが難しいですか。

6

　陽一（よういち）とアンさんから結婚式の招待状がきた。二人とは、学生時代から学部もクラブもずっと同じだったので、家族のだれかが結婚するようで、とてもうれしい。招待状も、昔から決（き）まっている難（むずか）しい言葉をたくさん並べたものではなく、二人の気持ちを伝える大変（たいへん）いいもので、二人がにこにこしながら「来てくださいね」と言っているようだった。招待状をもらってすぐに、陽一の勤（つと）めている広告会社に電話をかけて「おめでとう。良かったな」と言った。陽一に「いい招待状だな」と言うと、「あれはアンが書いたのを、僕（ぼく）が少し直（なお）したんだよ。1DKのマンションで六畳一間（ろくじょうひとま）だけれど、また遊びに来てくれよ」と言っていた。国際（こくさい）結婚は難しいというけれど、二人は大丈夫（だいじょうぶ）。いい家庭（かてい）を作るだろう。

陽　決　難　変　勤　*広　告　僕　直　畳　際　丈　夫　*庭

7

しばらくごぶさたしておりますが、皆様、お元気でしょうか。いつも、いろいろとお世話になっています。

　さて、私たちは今度結婚することにしました。学生時代に小林先生のクラスで初めて会い、それからもう五年が過ぎました。結婚式には、たくさんいい思い出を作ってくださった小林先生も来てくださるそうで、とても喜んでいます。

　私たちが新しい生活を始める記念の日に、皆様にも是非来ていただいて、御一緒に楽しくお話ししたいと思います。お忙しいとは思いますが、来ていただければとてもうれしいです。お待ちしております。

　お返事を 10 日までにお知らせください。どうか、よろしくお願いいたします。

　（陽一）　みんなが来てくれてクラス会になったらいいなあ。

　（アン）　国から両親も来てくれるので楽しみにしています。

　　　日時　11 月 23 日（日）午後 2 時
　　　場所　桜会館

　11 月 3 日　　　　　　　　　　　　　　中村陽一

　　　　　　　　　　　　　　　　　　　　アン・シャリー

初　過　喜　始　御　緒　＊場　桜

答えましょう

次の質問に答えてください。

1. 二人が初めて会ったのはどこですか。
2. 二人が結婚するということを知って、この人はどう思いましたか。
3. この人はこの招待状をどう思っていますか。
4. 招待状をもらって、この人はどうしましたか。
5. 結婚式はいつ、どこで行われますか。
6. 結婚式にはどんな人たちが集まりますか。
7. 返事はいつまでにしなければなりませんか。
8. この人は二人の結婚は難しいだろうと思っていますか。
9. あなたは招待状をもらったことがありますか。それはどんな招待状でしたか。
10. あなたは招待状を出したことがありますか。それはどんな招待状でしたか。

使いましょう

A-1 「～ことにした」という言い方を練習しましょう。

例: 私たちは今度結婚することにしました。

1. 私は来年 留学する ことにしました。
2. 私は今度の休みに 買物する ことにしました。
3. 私はあした 会議する ことにしました。
4. 私はきょうから 勉強する ことにしました。
5. 私は今晩 映画みる ことにしました。

A-2　例: A: 今度のスキー旅行に行きますか。
　　　　　B: 私は今年も行く ことにしました。

1. A: いつ国へ帰るのですか。
　 B: 親も帰る ことにしました。
2. A: 今度の日曜日には、何をするのですか。
　 B: 買物する ことにしました。
3. A: あれ、あしたパーティーへ行かないのですか。
　 B: 勉強する ことにしました。
4. A: ずいぶん早く起きるのですね。
　 B: 洗濯する ことにしたのです。
5. A: ずいぶん早く帰るのですね。
　 B: 仕事する ことにしたのです。

9

B-1　「～よう」という言い方を練習しましょう。

例: 昔からの友だちから招待状がくると、家族のだれかが結婚するようです。うれしいです。

　　→昔からの友だちから招待状がくると、家族のだれかが結婚するようで、うれしいです。

　1.　あの人と話をすると、妹と話しているようです。うれしいです。
　　　→　＿＿＿＿＿で＿＿。
　2.　あのレストランがなくなると、家がなくなるようです。さびしいです。
　　　→　＿＿＿＿＿で＿＿。
　3.　手紙が来ないと、わすれられたようです。かなしくなります。
　　　→　＿＿＿＿＿で　悲しい＿＿。
　4.　この音楽を聞くと、国へ帰ったようです。楽しくなります。
　　　→　＿＿＿＿＿で＿＿。
　5.　あの人に会うと、母に会ったようです。元気になります。
　　　→　＿＿＿＿＿で＿＿。

B-2　例: 昔からの友だちから招待状がくると、家族のだれかが結婚するようでうれしいです。

　1.　あの人に会う　と、母に会った　ようで元気になります。
　2.　雨が降る　と、気分が悪い　ようでいやになります。
　3.　この音楽を聞く　と、国へ帰った　ようで楽しくなります。
　4. あのレストランがなくなる　と、家がなくなる　ようでさびしいです。
　5.　電話がかからない　と、わすれられた　ようでかなしいです。悲

／ まとめましょう ／

下線に言葉を入れて本文をまとめてください。

　　　陽一　から　結婚招待状　をもらった。家族のだれかが 結婚する ようで、とてもうれしい。
　　招待状 は 難しい物 ではなく、二人の気持ち を伝える大変いいものだった。結婚式には 先生 や 両親 もいらっしゃるそうだ。よく 国際結婚 は難しい と言われているが、二人は 大丈夫 と思う。

／ 話しましょう ／

A　第2課を読んで、ある人が次のように言いました。あなたはどう思いますか。

　　「この招待状は、国際結婚をする二人が書いたものだから、これでもいいですが、私は、昔の人が考えて今まで伝えてきたことには、いろいろな意味があると

10

思うので、決まった言葉や書き方などを、大切にするほうがいいと思います」

B 言葉で伝えることができないものがあると思いますか。それは何ですか。

書きましょう

A ＿＿＿＿＿は＿＿＿＿＿ではなく、＿＿＿＿＿いいものだった。

例: 二人からの招待状 → 二人からの招待状は難しい言葉を並べたものではなく、
二人の気持ちを伝えるいいものだった。

1. 私たちのきょうかしょ　→ は、高価ではなく、使い_{やすく}いいものだった。
2. 友だちからのプレゼント　→ は、高い物ではなく、気持ちのこもったいいものだった
3. 入学式での先生の話　→ は、長いではなく、簡単で非常いいものだった

B 招待状を書きましょう。

　　山田　様

　　しばらくごぶさたしておりますが、皆様、お変りない　でしょうか。いつもいろいろとお世話になっております。
　　さて、今度誕生日のパーティことにしました。お忙しいとは思いますが、楽しくお話しし
たいと思いますので、お待ちしております。

　　　　日時 4月2P日
　　　　場所 レストラン

　　　　　　　　　　　　　　4月 23日
　　　　　　　　　　　　　　黄雪琦

1. クラス会　→
2. たんじょう日のパーティー

11

第３課

新しい言葉

やっぱり（＝やはり）	無理（な）	できるだけ
〜とか	楽（な）	〜なんて
もちろん	冗談	すごい
この前	頭にくる	それでも
デザイン	眠い	がんばる
偉い	このごろ	慣れる
そういえば	この間	チーム
足りる	〜より	
（場所の名前）　九州		

いっしょに考えましょう

1. 日本では仕事のために一人で生活している人がおおぜいいますが、あなたの国ではどうですか。
2. 家族のだれかが、仕事のためにみんなとわかれて遠くへ行っていたことがありますか。
3. そのとき毎日れんらくしましたか。
4. そのとき家族の生活は前と同じようでしたか。
5. こういう家族はこれからもふえると思いますか。

単身赴任

　お父さん、一人で寂しくないですか。九州は遠くてあまり帰れないから、毎日手紙を書けと言われたけど、やっぱりちょっと無理です。でも、できるだけ書くようにします。ごはんのときは、いつもみんなでお父さんのことを話しています。もううちに帰っているかなとか、このテレビ見てるかなとか。今晩もカレーを食べながらお父さんのことを話していて、お母さんは、お父さんがいない方が食事の用意が楽でいい、なんて言っていました。もちろんこれは冗談で、本当はずいぶん寂しがっているんです。電話が鳴ると「あら、お父さんかしら」と、すごくうれしそうな顔をするので分かります。ミエは、お父さんがこの前おみやげに買ってきてくれたテープレコーダーを、とても喜んで聞いています。ミエは、「お父さんはミエのことが一番好きなんだよ」と言うので、僕はちょっと頭にきていますが、それでもミエはまだ小さいんだからと思って、何も言いません。でもお父さん、僕には新しいデザインのテープレコーダーを買ってきてね。

　僕は毎朝六時に起きて、ドンに散歩をさせています。これもお父さんとの約束だから、眠くてもがんばってやっています。偉いでしょ、お父さん。初めは、いつも散歩に連れていってくれた人と違うので、ドンは嫌がって一緒に行きたがらなかったけど、このごろは慣れてきたようです。そういえば、ドンをくれた前田さんにこの間会ったので、お父さんが九州に行ったって話すと残念がっていました。前田さんの野球チーム、また人が足りないそうです。お父さん、少しは運動をしています

*父　寂　州　無　*母　冗　談　当　鳴　好　頭　散　*歩　束
眠　偉　連　違　嫌　慣　残　*足

13

か。運動しないとすぐ太るから、できるだけたくさん運動してくださ
い。じゃ、もう遅いからこれでやめます。お休みなさい。

　お父さんへ

　　　　　　　　　　　　　　　　　　　　　　進一より

太　遅　進

「答えましょう」

次の質問に答えてください。

1. 進一は何が「ちょっと無理だ」と言っていますか。
2. どうして毎日手紙を書けと言われましたか。
3. お母さんはどんな冗談を言っていますか。
4. 冗談だということがどうして分かりますか。
5. ミエが「お父さんは私が一番好き」と言っているのはどうしてですか。
6. それを聞いて進一はどう思っていますか。
7. 進一とお父さんは手紙のほかにどんな約束をしましたか。
8. 前田さんはお父さんが九州へ行ったことを聞いて、どうして残念がりましたか。
9. 子どものとき、あなたはお父さんとどんな約束をしましたか。
10. 子どものとき、あなたはどんなことをしてお母さんを手伝いましたか。

「使いましょう」

A 「~がる」という言い方を練習しましょう。 イ形 V たがる ナ形

　例: 母は父がいないと楽だと言っていました。もちろんこれは冗談で、本当は寂しがっているんです。父が電話をかけてくると喜ぶので分かります。 V 辞書形

1. 母は子どもがいないと静かでいいと言っています。もちろんこれは冗談で、本当は<u>寂しがっているんです</u>学校から帰ってくると <u>　喜ぶ　</u> ので分かります。
2. 母は家が狭いとそうじが楽でいいと言っていました。もちろんこれは冗談で、本当は<u>広いほしがっているん</u>家の広告を見ると<u>くれしく</u> ので分かります。
3. 学生はしゅくだいが少ないと楽でいいと言っています。もちろんこれは冗談で、本当は<u>しがっているんです</u>しゅくだいを出すと<u>あかるくなる</u>ので分かります。
4. 父はネクタイは1本あればいいと言っています。もちろんこれは冗談で、本当は<u>ほしがっているん</u>ですネクタイをプレゼントにもらうと <u>　喜ぶ　</u> ので分かります。
5. 母は、父と出かけるとけんかになると言っていました。これはもちろん冗談で、本当は<u>楽しがっているんです</u>父が出かけようと言うと<u>きれいする</u> ので分かります。

B 「できるだけ~ようにする」という言い方を練習しましょう。 V る

　例: できるだけ手紙を書くようにしています。

1. ちょっと太ってきたので、できるだけ<u>食べない</u> ようにしています。 ふと
2. 来年アメリカへ行きたいので、できるだけ<u>お金をためる</u> ようにしています。
3. 教室の中ではできるだけ<u>静かにする</u> ようにしています。

4. 体に悪いので、できるだけ体憩する ようにしています。

5. 早くじょうずになりたいので、できるだけ生懸命 ようにしています。

C 「〜なんて」という言い方を練習しましょう。

例： A：辞書がなければこれは読めないでしょう。
 B：辞書なんてなくてもいいです。

1. A：かさを持って行かないと、雨にふられるかもしれませんよ。
 B： かさ なんていらないよ 。

2. A：ほら、今晩はカレーよ。おいしそうでしょ。
 B：ええ、またカレー。 カレー なんていらないよ 。

3. A：20本もビールを飲んだんですよ。
 B： 20本 なんてたりないですよ

4. A：新聞を読まないんですか。
 B： 新聞 なんて読まない 。テレビがあるから。

5. A：車を買わないんですか。
 B： 車 なんていらない 。こんなに便利なんだから。

D 「 とか とか」という言い方を練習しましょう。

例： ご飯のときいつも [うちに帰っているかな][このテレビを見ているかな] ⇒ ご飯
 のときいつもうちに帰っているかなとか、このテレビを見てるかなとか言って
 います。

1. すきやきを作るのには [肉][やさい] ⇒

2. 家の広告にはいつも [駅から近くて便利][新しくてきれい] ⇒

3. かれに電話するといつも [来週は行く][あとで返事をする] ⇒

4. 先生はいつも [勉強しなさい][がんばりなさい] ⇒

5. あの人に会うといつも [一日5時間勉強した][スポーツがよくできた] ⇒

/ まとめましょう /

下線に言葉を入れて本文をまとめてください。

　　進一君は_____ので、_____ているお父さんによく手紙を書く。この
手紙によると、お母さんは_____が、本当は_____そうだ。進一君も、
お父さんとの約束を_____て、_____ている。この手紙を読むと、____
_____ことがよく分かる。

16

〜がる
〜たがる

話しましょう

A 第3課を読んで、ある人が次のように言いました。あなたはどう思いますか。

「仕事も大切かもしれませんが、それよりもやはりみんなで生活する方が大切
です。お金より家族の方が大切でしょう。この家の子どもたちはまだ小さいし、
お父さんがいて、いろいろ教えなければいけないこともあると思います」

B 家族とわかれて生活しなければならなくなったとき、どんなことに注意します
か。

書きましょう

A-1 ＿＿＿＿＿＿に＿＿＿＿＿から、＿＿＿＿＿（しろ）と言われましたが、やはり毎
日は少し無理です。けれども、できるだけ＿＿＿＿＿＿ようにしています。

例: 父は手紙を書きなさいと言いました。
　　→父に、あまり帰れないから手紙を書けと言われましたが、やはり毎日は少し
　　無理です。けれども、できるだけ書くようにしています。

1. 母は、外で食べないで自分で料理をして食べなさいと言いました

2. 中学の先生は、毎日新しい言葉を5つおぼえてノートに書きなさいと言いま
した

3. 友だちは、ラジオを聞くときはテープにとって、あとからもう一度聞いた方
がよいと言いました

A-2 ＿＿＿＿＿は、初めは＿＿＿＿＿が、このごろは＿＿＿＿＿てきたようです。
そういえば、＿＿＿＿＿も＿＿＿＿＿と言っています。

例: ジョンさんもナンシーさんも漢字が面白くなりました。
　　→ジョンさんは、はじめは漢字を嫌がっていましたが、このごろは面白くなっ
　　てきたようです。そういえば、ナンシーさんも面白くなってきたと言っていま
　　す。

1. タンさんもキムさんも日本料理が好きになりました　→

2. ナンシーさんもカレンさんも電車に慣れました　→

3. チェッタさんもチャンさんもテレビがきらいになりました　→

第４課

新しい言葉

- （〜た）ばかり
- ころ
- 満員（まんいん）
- 我慢する（がまん）（忍耐す）
- 不思議（な）（ふしぎ）
- （〜て）たまらない　堪らない
- 座席（ざせき）
- 眠る（ねむ）
- サラリーマン
- 化粧（けしょう）
- 時々（ときどき）
- だめ（な）
- じっと（keep quiet）
- 夢中（むちゅう）
- 空き缶（あきかん）
- 片付ける（かたづ）
- 続ける（つづ）
- 途中（とちゅう）
- あきれる
- 礼儀正しい（れいぎただ）
- 育てる（そだ）
- 心配（な）（しんぱい）

いっしょに考えましょう

1. 日本へ来て驚（おどろ）いたことは何ですか。
2. 日本で良いと思ったことは何ですか。
3. 良くないと思ったことは何ですか。
4. あなたの国で良くないと思うことはどんなことですか。
5. 日本へ来てどんなことにすぐ慣れましたか。慣れないことは何ですか。

18

あきれる （呆れる）
be amazed

ぬ
塗る - paint（口紅）
か
描く - draw（眉毛）

　毎日利用する電車は、日本人を知るのにちょうどよい教室のようなものです。日本に来たばかりのころは、朝の満員電車にどうして我慢できるのだろうかと不思議でたまらなかったし、お酒のにおいをさせて、座席で眠っているサラリーマンを見て驚いたこともありました。

　この間も、きれいに化粧をした若い母親が二人、三、四歳の子供を連れて乗ってきました。子供たちは「ここ、ここ」と大声を出しながら席を取り、靴を脱ぐとすぐ、いすの上で騒ぎ始めました。母親たちは時々「やめなさい」とか「だめよ。じっとしてなさい」と言うのですが、本当にやめさせようという気持ちはなさそうで、自分たちも話に夢中です。子供たちが騒ぎすぎて話が聞こえなくなると、かばんの中からお菓子やジュースを出してやります。子供たちはそのときだけちょっと静かになりますが、空き缶や紙くずは片付けません。母親たちはお菓子を食べながら、一生懸命話を続けています。途中で大きい荷物を持って乗ってきたおばあさんがいたのに、立とうともしないので、あきれてしまいました。

　このように、日本の若い母親の中には時々子供のような人もいます。日本に来る前は、日本人は親切で礼儀正しいと聞いていましたが、本当にそうでしょうか。私は日本が大好きですから、こんな母親や、こんな母親に育てられている子供たちを見ると、ちょっと心配になるのです。

満　我　慢　不　*思　議　座　驚　化　粧　若　*親　歳　供　靴
脱　騒　（々）夢　菓　*子　*空　缶　片　付　*生　懸　命　続
途　儀　配

次の質問に答えてください。

1. ある日どんな母親が電車に乗ってきましたか。
2. 子供たちは電車に乗るとすぐ何を始めましたか。
3. 母親たちはどうして子供たちを静かにさせなかったのでしょうか。
4. 子供にお菓子をやったのはどんなときでしたか。
5. 途中で乗ってきたのはどんな人でしたか。
6. この人があきれたのはどうしてですか。
7. この人は日本に来る前、日本人はどんな人たちだと聞いていましたか。
8. どうして電車は日本人を知る教室なのですか。
9. 日本へ来て、このようなことを見たことがありますか。
10. あなたの国ではこの話と同じようなことがありますか。

使いましょう

~ X が Y に/を　~ V させる

A-1　「～(さ)せる」という言い方を練習しましょう。

例: 子供がマッチで遊んでいたらどうしますか。⇨ すぐやめさせます。

1. 友だちが、ねつがあるのに仕事に行くと言ったらどうしますか。
　⇨ 休ま　　　せます。
2. 子供を丈夫にするためにどうしますか。
　⇨ うんどう　　せます。
3. 先生はどのようにして新しい言葉を教えますか。
　⇨ くりかえさ　せます。
4. 子供のへやがきたなかったら（dirty）どうしますか。
　⇨ そうじさ　　せます。
5. 電車の中で子供たちが騒いだらどうしますか。
　⇨ ＿＿＿＿＿せます。

A-2　例: A: きょうは八時まで仕事をしてくれますか。
　　　　B: すみません。きょうはつかれているので、帰らせてください。
1. A: 今日私がはらわせます　　　。
　 B: いいえ、きょうは私にはらわせてください。
2. A: 日曜日は仕事をありますよ　　　。　（pay）
　 B: すみません。日曜日だけは休ませてください。
3. A: 早く決めましょう　　　。
　 B: もう少し考えさせてください。

4. A：<u>私はやります</u>。
　 B： いいえ、この仕事は私にやらせてください。
5. A：<u>じょうとわがりま</u>
　 <u>せんね</u>　　　。
　 B： じゃあ、もう一度説明させていただけませんか。

B 「～たばかり」（劇…）という言い方を練習しましょう。

　例： 日本に来たばかりなので、何も分かりません。
　1. <u>この料理は</u>　作、たばかり　なので、まだあたたかいです。
　2. あの人は化粧した<u>ばかり</u>なので、まだきれいです。
　3. <u>仕事をした</u>ばかりなので、まだ顔もあらっていません。
　4. <u>この漢字は習った</u>ばかりなのに、もうわすれてしまいました。
　5. <u>ご飯を食べた</u>ばか（り）なのに、もうおなかがすいてしまいました。

C 「～て（で）たまらない」（ネ得る）(unbearable) という言い方を練習しましょう。

　例： どうして我慢できるのだろうかと不思議でたまりませんでした。
　1. <u>お金を沢山持っている</u>のが、うれしくてたまりません。
　2. <u>大付に行ったときに毎次おみやけ店いる</u>のが、嫌でたまりません。
　3. <u>彼氏から手紙をもらない</u>ときは、寂しくてたまりませんでした。
　4. <u>頭が痛く</u>て、家に帰りたくて帰りたくてたまらなくなりました。
　5. <u>仕事が終わった</u>ときは、つかれて　たまりません。

D 「～と聞いていた」という言い方を練習しましょう。
（イA 〜い　Nだ／ナA だ Vる）

　例： 日本人は礼儀正しいと聞いていたのに、そうでもありませんでした。
　1. 日本は<u>ほうけんてきな</u>（封建的国だ）と聞いていたのに、そうでもありませんでした。
　2. この学校は<u>学生を多い</u>と聞いていたのに、そうでもありませんでした。
　3. サラリーマンは<u>生活がつらい</u>と聞いていたのに、そうでもありませんでした。
　4. 日本語は<u>難しい</u>と聞いていたのですが、やはりそうでした。
　5. タイの料理は<u>おいしい</u>と聞いていたのですが、やはりそうでした。

まとめましょう

下線に言葉を入れて本文をまとめてください。

　　　　　　　　教室のようなものだ。日本へ来たばかりのころは　　　　　　に驚かされた。この間も　　　　　　を連れて乗ってきた。母親たちは　　　　　　に夢中で、子供たちは　　　　　　。　　　　　　のに　　　　　　ので、あきれてしまった。

21

日本に来る前には＿＿＿＿＿＿と聞いていたが、本当にそうだろうか。

話しましょう

A 第4課を読んで、ある人が次のように言いました。あなたはどう思いますか。
　「私の国では、電車の中などで子供が騒いだときには、ほかの人でも注意します。騒いでいる子の親が嫌な顔で見ても、ほかの人がこまるということを、もっと子供に教えなければいけないと思います」

B もし電車の中で近くにいる子供が騒いだら、あなたはどうしますか。

書きましょう

A-1 ＿＿＿＿＿＿のに、＿＿＿＿＿＿ので、＿＿＿＿＿＿てしまいました。
　　　　た form
　　　　∇ form

例：おばあさんがいる ⇨ 立とうともしない
　　→ おばあさんがいたのに、立とうともしないので、あきれてしまいました。

1. 一週間ダイエットをした ⇨ やせない　→
2. 料理を作った ⇨ 食べてくれない　→
3. 先生に教えてもらった本を買った ⇨ 分からない　→

A-2 ＿＿＿＿＿＿たばかりのころは＿＿＿＿＿＿や＿＿＿＿＿＿に＿＿＿＿＿＿た。

例：日本に来た
　　→ 日本に来たばかりのころは、電車の中で騒いでいる子供たちや、おばあさんが乗ってきても立とうともしない若い人に驚きました。

1. 日本語の勉強を始めた　→
2. この町に住み始めた　→
3. 結婚した　→

第 5 課

新しい言葉

もの	ある（とき）	皮
むく	あら	止まる
結局	おかしい	当たり前
理由	一杯	返ってくる
つく	特別（な）	努力

いっしょに考えましょう

1. 好きな料理を五つ、きらいな料理を三つ教えてください。
2. どこで、だれと、どんなものを食べるとき、一番おいしいと思いますか。
3. あまりおいしくないと思うのは、どんなときですか。
4. 外国(例えば日本)の料理で、あなたの国の料理と同じものを使っているのに、料理の仕方が違うと思ったものがありますか。
5. あなたの国にしかない食べ方や食べ物があれば説明してください。

23

　友達が集まって、一緒に飲んだり食べたりするのは楽しいものだ。あるとき、こんなことがあった。みんなで料理を作っているとき、一人がトマトの皮をむいてお皿に並べ始めた。するとほかの人が「あなた、トマトは皮をむかないものよ」と言った。そう言いながら、その人はきゅうりの皮をむいている。「あら、私の家ではきゅうりの皮はむかないわ」とトマトの皮をむいた人は言う。それから、むく、むかない、どちらが正しい、正しくないと、みんなが言い始めて、料理の手は止まってしまい、結局「こんな小さいことでも、いろいろ違うものね」で終わった。

　自分の今までやってきた食べ方、料理の仕方と違えば、少しおかしいと思うのは当たり前のことだが、よく考えてみると、慣れていないからというだけの理由であることが多い。食べてみると、思っていたよりおいしかったということもよくあるのである。世界中を旅行している人に、どうしたらほかの国の人と友達になれるのかと聞いてみると、「その国の人の食べるものを、一緒におなか一杯食べることだ」という答えが返ってきた。世界は広いのだから、トマトの皮をむく人もむかない人もいる。トマトの皮がついているかいないかは問題ではなく、それよりも、同じテーブルに座り、飲み、食べ、一緒に笑うことが大切だ。そうすれば特別な努力をしなくても、いい友達を作ることができるということなのだろう。

　達　皮　皿　局　*当　*中　杯　*座　笑　特　別　努　力

答えましょう

次の質問に答えてください。

1. トマトの皮をむいた人に、ほかの人は何と言いましたか。
2. きゅうりの皮をむいた人に、だれが何と言いましたか。
3. みんなでどんなことを話し始めましたか。
4. みんなで話して、結局どうなりましたか。
5. 自分と違う食べ方はおかしいと思うのは、どうしてだと言っていますか。
6. 世界中を旅行している人に、どんなことを聞きましたか。
7. その人からどんな答えが返ってきましたか。
8. 友達を作るには、何をすることが大切だと言っていますか。
9. あなたは友達とよく集まりますか。
10. そのときどんな料理を作ることが多いですか。

使いましょう

A-1 「～ものだ」という言葉を練習しましょう。

例： A：「食事のときは、話をしないものです」
　　 B：「いいえ、話をしながら、楽しく食べるものです」

1. A：「すきやきは肉から先に入れるものです」
　　 B：「いいえ、_____」
2. A：「日本酒は、あたたかくして飲むものです」
　　 B：「違います。_____」
3. A：「おふろは夜寝る前に入るものです」
　　 B：「それは違います。_____」
4. A：「朝起きたら、ごはんを食べる前に歯をみがくものです」
　　 B：「それはおかしいです。_____」
5. A：「プレゼントは、くれた人の目の前ですぐあけないものです」
　　 B：「でも私の国では_____」

A-2　例：「トマトの皮のような小さいことでもいろいろ違うものですね」

1. 「へえ、三か月でずいぶん_____ものですね」
2. 「野球を初めてやってみましたが、ずいぶん_____ものですね」
3. 「前は、あまり家もなかったのに、ずいぶん_____ものですね」
4. 「この前会ったときは、まだ小さかったのに、ずいぶん_____ものですね」
5. 「ここからでも電話できるんですか。ずいぶん、_____ものですね」

25

B 「当たり前」という言い方を練習しましょう。

例: 世界は広いのだから、料理も食べ方もいろいろあるのは当たり前だ。

1. あの人は世界中を旅行しているのだから、_____のは当たり前だ。
2. 彼は友達なのだから、_____のは当たり前だ。
3. ここは有名なのだから、_____のは当たり前だ。
4. どこにでもあるのだから、_____のは当たり前だ。
5. あの人が書いたのだから、_____のは当たり前だ。

C 「～てみると、思っていたより～」という言い方を練習しましょう。

例: 食べてみると、思っていたよりおいしかったということもよくある。

1. 住みにくい国だと思っていたが、_____てみると、思っていたより_____
    _____。
2. かるそうに見えたが、_____てみると、思っていたより_____。
3. きびしい先生のようだが、_____てみると、思っていたより_____。
4. 難しいと思っても、_____てみると、思っていたより_____。
5. おいしくなさそうなものでも_____てみると、思っていたより_____。

D 「どうしたら～か」という言い方を練習しましょう。

例: どうしたらほかの国の人と友達になれるのかと聞いてみると、「その国の人の
    食べるものを一緒に食べることだ」という答えが返ってきた。

1. 先生に、どうしたら_____かと聞いてみると、「_____」という答え
   が返ってきた。
2. 医者に、どうしたら_____かと聞いてみると、「_____」という答え
   が返ってきた。
3. スポーツ選手に、どうしたら_____かと聞いてみると、「_____」と
   いう答えが返ってきた。
4. 国際結婚した人に、どうしたら_____かと聞いてみると、「_____」
   という答えが返ってきた。
5. たばこをやめた人に、どうしたら_____かと聞いてみると、「_____
   __」という答えが返ってきた。

╱ まとめましょう ╱

下線に言葉を入れて本文をまとめてください。

   どんなことでも、自分の今までやってきたことと_____が違えば、_____

26

＿＿＿と思うものだが、よく考えてみると、それは、＿＿＿＿＿＿という理由である
ことが多い。慣れてしまえば、＿＿＿＿＿。世界は広いので、＿＿＿＿＿のは当
たり前だ。＿＿＿＿＿が問題ではなく＿＿＿＿＿が大切だ。

話しましょう

Ａ 第5課を読んである人が次のように言いました。あなたはどう思いますか。

「『楽しく飲んだり食べたりすれば、友達になれる』と言っていますが、そんな
ことだけで本当の友達にはなれないと思います。友達になるためには、嫌なこと
やつらいことを一緒にやってみるとか、もっと大切なことがあると思います」

Ｂ 料理だけでなく、国が違うとやり方が違うことがあります。例をあげて話し合っ
てみましょう。

書きましょう

Ａ-1 ＿＿＿＿＿しているとき、一人が＿＿＿＿＿。すると、ほかの人が＿＿＿＿＿
ものだと言った。

例: トマトの皮を、むく人も、むかない人もいる。
　　→ 友達が集まって、一緒に料理をしているとき、一人がトマトの皮をむいてい
　　た。すると、ほかの人がトマトは皮をむかないものだと言った。

1. 電話で自分の会社の社長のことを言うときには、「山川社長は～」とは言わな
いで、「山川は～」と言う　→

2. 自分より上の人をよぶときには「～君」とは言わない　→

3. スープを飲むときは音を出さない　→

Ａ-2 ＿＿＿＿＿は問題ではなく、それよりも、＿＿＿＿＿が大切だということが分
かった。

例: 皮をむくかむかないか
　　→ 皮をむくかむかないかは問題ではなく、それよりも、一緒に楽しく食べるこ
　　とが大切だということが分かった。

1. お金があるかないか　→

2. 文法をよく知っているかどうか　→

3. 口に出して言うか言わないか　→

第６課

新しい言葉

売れる（sell）　*まるで　　文化

華道（flower arrangement）　茶道（さどう）　剣道

悩む（be worried）　苦しむ（くる）　簡単（な）

熱心（な）　　まじめ（な）（serious）　ゲーム

*〜といっても　　楽しむ（たの）　　なるほど（indeed; really）

*もしかすると　　何もかも（なに）（everything）　必要（な）

いっしょに考えましょう

1. あなたは暇なとき、どんなことをしますか。
2. 「遊び」という言葉を聞いて、何を考えますか。
3. 小さいとき、どんなことをして遊びましたか。
4. 何をしているときが一番楽しいですか。
5. あなたの国ではおとなはどんなことをして遊んでいますか。

28

『パチンコ道』という本が売れているそうです。パチンコは暇なときにちょっとする遊びなのに、それをまるで、形を大切にする日本文化の中の華道や茶道のように呼んでいます。日本には昔から「○○道」と呼ばれるものがあります。お花やお茶のほかにも、スポーツでは柔道や剣道などもそうです。考えてみると、きれいに花を飾ったり、おいしくお茶を飲んだり、運動をやっていい気持ちになったりするのは、どれもそんなに特別に悩んだり、苦しんだりしてすることではありません。そのような簡単で当たり前のことを「○○道」と呼び、難しくしてしまって、それを熱心に練習する日本人はまじめすぎるのでしょうか。

　ある人が「パチンコのような遊びも、そのゲームに勝つか負けるかは全部自分の技術だと思うから一生懸命になるのです。技術といっても、上手か下手かだけが問題ではなく、その技術を使う人の気持ちの持ち方までも問題にしているのです。高い技術と心が一つになったときにだけゲームに勝てるし、きれいに花が飾れるし、本当にお茶が楽しめる、柔道や剣道でも同じことが言えるという考え方です」と言うのを聞き、「なるほど」と思ったことがありました。

　こういうまじめな日本人は、もしかすると遊んでいるときにも規則や形のことを考えながらがんばっているのかもしれません。もちろん、遊びも仕事もどちらにも一生懸命になるのはいいことですが、時々、何もかも忘れて子供のように自由な気持ちで遊んでみることも必要なのではないでしょうか。

---

*道　暇　*化　華　呼　柔　剣　飾　悩　苦　簡　単　熱　勝　負
*上　*手　*下　*手　規　則　忘　必　要

29

次の質問に答えてください。

1. 「パチンコ道」は昔からありましたか。
2. 「〇〇道」と呼ばれるものには、どんなものがありますか。
3. 華道や茶道はどんなことを大切にするのですか。
4. 本を買って、一生懸命にパチンコをするのはどうしてですか。
5. 技術というのは上手か下手かだけを問題にしているのですか。
6. どんなときにゲームに勝てると言っていますか。
7. 日本人は遊ぶときにもどんなことを考えていると言われていますか。
8. 「子供のように自由な気持ちで遊ぶ」というのは、どんなことでしょうか。
9. あなたはゲームに勝つのには、何が大切だと思いますか。
10. あなたは、どんなとき遊びたいと思いますか。

使いましょう

A 「～といっても」という言い方を練習しましょう。

例: A: いろいろなところへ旅行ができていいですね。
　　B: 旅行といっても仕事で行くので遊んでいられません。

1. A: あしたテストがあるそうです。
　　B: テストといっても難しくないです。
2. A: 毎日、料理をしているのですか。
　　B: 料理といってもあまり上手にできません。
3. A: 華道をなさっているそうですね。
　　B: 華道といってもそんな難しい華道はありません。
4. A: いつもおみやげをありがとうございます。
　　B: いいえ、おみやげといってもそんな高い物じゃないです。
5. A: よく本を読んでいますね。
　　B: 本といっても専門の本はなくで普通の小説です。

B 「～まで」という言い方を練習しましょう。

例: その技術を使う人の心の持ち方までも問題にしているのです。

1. とてもおなかがすいていて＿＿＿＿＿＿まで食べてしまいました。
2. この本を読んで、＿＿＿＿＿＿まで分かるようになりました。
3. 字を見ると、＿＿＿＿＿＿まで分かります。
4. 社会が便利になって、＿＿＿＿＿＿までできるようになりました。
5. 人を好きになると、＿＿＿＿＿＿まで好きになってしまいます。

C 「～し、～し」という言い方を練習しましょう。

例: 高い技術と心が一つになったときにだけ勝てるし、きれいに花が飾れるし、本当にお茶が楽しめる。

1. あの人は、＿＿＿＿＿し、＿＿＿＿＿し、＿＿＿＿。
2. このへやは、<u>ひろい</u>し、<u>清潔だ</u>し、値段もやすいです
3. 私の住んでいる町は、<u>とても便利だ</u>し、<u>賑やかだ</u>し、とてもたのしいです
4. このかばんは、<u>丈夫だ</u>し、<u>色もきれい</u>し、一番気に入っているです。
5. 都会の生活は、<u>うるさい</u>し、<u>悪い人も多い</u>し、<u>私は嫌いです</u>

D 「もしかすると～のかもしれません」という言い方を練習しましょう。

例: A: 彼はなかなか来ませんね。もう30分も過ぎたのに。
　　B: もしかすると時間を間違えたのかもしれません。

1. A: あの人、最近元気がなくて、寂しそうですね。
　　B: もしかすると＿＿＿＿＿のかもしれません。
2. A: 何回電話をかけても、だれも出ないんです。
　　B: もしかすると＿＿＿＿＿のかもしれません。
3. A: アンさんは今日、きれいな服を着ていますね。
　　B: もしかすると＿＿＿＿＿のかもしれません。
4. A: 何も言わずに、急にへやを出ていってしまったんですよ。
　　B: もしかすると＿＿＿＿＿のかもしれません。
5. A: あそこに人が集まっていますね。
　　B: もしかすると＿＿＿＿＿のかもしれません。

／ まとめましょう ／

下線に言葉を入れて本文をまとめてください。

　　日本人は昔から＿＿＿＿＿たり＿＿＿＿＿たりするような、当たり前のことを＿＿＿＿＿と呼んで、＿＿＿＿＿。
　　このようなまじめな日本人は、遊んでいるときでも＿＿＿＿＿のかもしれませんが、少しは＿＿＿＿＿方がいいのではないでしょうか。

／ 話しましょう ／

A 第6課を読んで、ある人が次のように言いました。あなたはどう思いますか。

　　「パチンコでも何でも、やるなら上手になって勝ちたいと思うし、その方がいいと思います。パチンコに勝つためにパチンコ道の本を買って、一生懸命練習す

るのです。勉強と違って本を読むのも楽しいし、それも遊びだと思います」

B　どんなとき、どんな遊びをするか、例をあげて話し合いましょう。

┌───────────┐
│ 書きましょう │
└───────────┘

A-1 _____といっても、_____が問題ではなく、_____まで_____
___。

　例: 柔道の技術というのは、何を問題にしているのですか。
　　　→技術といっても、上手か下手かだけが問題ではなく、その技術を使う人の気
　　　持ちの持ち方まで問題にしているのです。

　1.　医者の仕事というのは、どんなことを問題にしているのですか　→

　2.　ホテルの仕事というのは、何を大切に考えているのですか　→

　3.　このスポーツのしあいでは、どんなことを大切に考えているのですか　→

A-2　考えてみると_____は、_____ことではない。それを_____のは
　　　_____からかもしれない。

　例: きれいに花を飾ること
　　　→考えてみると、きれいに花を飾ることは、そんなに難しいことではない。そ
　　　れを『華道』と呼び、難しく考えるのは日本人がまじめすぎるからかもしれな
　　　い。

　1.　外国で生活すること　→

　2.　一人で旅行すること　→

　3.　友達を作ること　→

32

第 7 課

新しい言葉

特急 （とっきゅう）	料金 （りょうきん）	けれども
つもり	気にかかる （き）	券 （けん）
アナウンス	間違う （まちが）	優しい （やさ）
乗せる （の）	命令する （めいれい）	感じがする （かん）
求める （もと）	残す （のこ）	いたずら
離れる （はな）	禁止 （きんし）	投書 （とうしょ）
確かに （たし）	伝わる （つた）	（伝わり）方 （つた）（かた）
相手 （あいて）	伝う （つた）	

いっしょに考えましょう

1. 日本語できれいだと思う言葉を五つあげてください。
2. 日本語できらいな言葉を五つあげてください。
3. どんなことを言われたとき、うれしかったですか。
4. どんなことを言われたとき、嫌な気持ちがしましたか。
5. 人と話すとき、どんなことに注意して話していますか。

　私が毎日使っている○○線の特急電車に乗るには、500円の特別料金を払(はら)わなければならない。ちょっと高いけれども、暑い日やとても疲(つか)れた日などは、「コーヒー一杯飲んだつもりで」と考えて、つい乗ってしまう。

　この電車に乗っていて、いつも気にかかることが一つある。「特急券(けん)をお持ちでない方はお乗りにならないでください」というアナウンスである。敬語(けいご)の使い方が間違っているのでも、言い方が失礼なのでもない。文法も正しいし、声も優(やさ)しい。けれども私には、「乗せてあげるから券を買ってきなさい」と命令(めいれい)されているような感(かん)じがする。「お乗りになる前に特急券をお求(もと)めください」とでも言えないだろうかと思ってしまう。

　いつかどこかで、「私が子供たちに話す言葉は『残(のこ)さないでごはんを食べなさい』とか、『そんないたずらはやめなさい』とか、『テレビはもう少し離(はな)れて見なさい』と、一日中、命令や禁止(きんし)の文ばかりだ」という若いお母さんからの新聞への投書(とうしょ)を読んだことがある。確(たし)かに言葉の形はそうだが、お母さんの命令文からは「たくさん食べて大きくなるんですよ」「近くでテレビを見ていると目が悪くなりますよ」という子供への優しい気持ちが伝わる。

　優しく言ったつもりでも「～しなさい」と聞こえ、「～しなさい」と言っても優しさが伝わる。学校では、漢字や、文法、言葉の意味、敬語の使い方などは教えてもらうが、言葉の伝わり方や言い方は教えてくれない。相手(あいて)のことを考えた正しい言葉とその使い方。特急電車に乗りながら、いつも考えさせられる。

払　疲　券　敬　優　令　感　求　*残　離　禁　*止　投　確　相

答えましょう

次の質問に答えてください。

1. これを書いた人はどんな日に特急電車に乗りますか。
2. 特急電車に乗ると、何が気にかかるのですか。
3. 電車のアナウンスはどんな感じがすると言っていますか。
4. 特急電車のアナウンスをどのようにした方がよいと言っていますか。
5. 若いお母さんは新聞にどのような投書をしましたか。
6. これを書いた人は、お母さんの言葉からどんな気持ちが伝わると言っていますか。
7. 学校で教えてもらうのはどんなことですか。
8. 話をするとき、どんなことに気をつけることが大切だと言っていますか。
9. あなたが気にかかる言葉にはどんなものがありますか。
10. 何か注意するとき、相手に失礼にならないようにするにはどんな言葉を選びますか、そして、どんな言い方をしますか。

使いましょう

A-1 「～つもり」という言い方を練習しましょう。

例: 特別料金は500円だから、コーヒーを一杯飲んだつもりで、特急電車に乗った。

1. _____た(だ)つもりで、歩いて行った。
2. _____た(だ)つもりで、銀行にお金を入れた。
3. 死んだつもりで、_____。
4. 父親になったつもりで、_____。
5. 有名な人になったつもりで、_____。

A-2 例: やさしく言ったつもりだったが、「～しなさい」と聞こえてしまった。

1. _____つもりだったが、入っていなかった。
2. _____つもりだったが、間違ってしまった。
3. 自分では親切なことをしたつもりだったが、_____。
4. 自分ではおとなになったつもりだったが、_____。
5. 自分では元気になったつもりだったが、_____。

B-1 「～させられる」という言い方を練習しましょう。

例: あまり飲めないのに、[飲む]飲まされました(飲ませられました)。

1. 歌が上手ではないのに、[歌う]_____。

2. たばこをやめたくないのに、[やめる]＿＿＿＿＿＿＿。

3. 日曜日なのに、[はたらく]＿＿＿＿＿＿＿。

4. 今すぐ使わないのに、[買う]＿＿＿＿＿＿＿。

5. まだ下手なのに、日本語で[説明する]＿＿＿＿＿＿＿。

B-2　例：アナウンスの言葉を聞いて、言葉の使い方を[考える]考えさせられた。

1. その話を聞いて、[なく]＿＿＿＿＿＿＿。

2. ニュースを聞いて、[驚く]＿＿＿＿＿＿＿。

3. いつまでも子供が帰ってこないので、[心配する]＿＿＿＿＿＿＿。

4. がんばっている人を見て、自分も＿＿＿＿＿＿という気持ちに[する]＿＿＿＿＿＿＿。

5. ＿＿＿＿＿＿て＿＿＿＿＿＿かと、[考える]＿＿＿＿＿＿＿。

／ まとめましょう ／

下線に言葉を入れて本文をまとめてください。

＿＿＿＿＿＿ても、＿＿＿＿＿＿ように聞こえたり、言葉の形は＿＿＿＿＿＿でも、＿＿＿＿＿＿伝わることがある。言葉の使い方で大切なことは、＿＿＿＿＿＿や＿＿＿＿＿＿ではなく、＿＿＿＿＿＿を考えた＿＿＿＿＿＿だと思う。

／ 話しましょう ／

A　第7課を読んである人が次のように言いました。あなたはどう思いますか。

　「話を聞く人がどう聞くかということも大切だと思います。私の国には、話を聞くのが上手な人をほめる言葉があります。相手が何を言おうとしているかを考えながら聞けば、特急券のことも命令されたような感じはしなかっただろうと思います」

B　人に何かを伝えるとき、一番大切なことは何だと思いますか。

／ 書きましょう ／

A-1　＿＿＿＿＿＿で、＿＿＿＿＿＿が＿＿＿＿＿＿ということを聞いて(読んで)、＿＿＿＿＿＿のは問題だと考えさせられた。

　例：ニュースで、おおぜいの人がビルの火事で死んだと言っていた
　　　→ニュースで、おおぜいの人がビルの火事で死んだということを聞いて、高い建物をたくさん作るのは問題だと考えさせられた。

1. テレビをつけたら、普通の人は都会で家が持てなくなってきたと言ってい

36

た　→

2. 工場の出すきたない水で魚がたくさん死んだとラジオで言っていた　→

3. 新聞によると、勉強のため、夜10時ごろ家へ帰る小学生がふえているそうだ　→

A-2 ＿＿＿＿＿は確かに＿＿＿＿＿が、＿＿＿＿＿という気持ちが伝わる。

例: 母親の言葉／命令文が多い
　→母親の言葉は確かに<u>命令文が多い</u>が、<u>良い子に育ってほしい</u>という気持ちが
　　伝わる。

1. 父／あまり話さない

2. 先生／時々きびしいことを言う

3. ジョンソンさん／日本語があまり上手ではない

37

新しい言葉

外見 （がいけん）	影響する （えいきょう）	様子 （ようす）	すっかり
変わる （か）	～といえば	大統領 （だいとうりょう）	選挙 （せんきょ）
うそ	うち	比べる （くら）	給料 （きゅうりょう）
データ	立派（な） （りっぱ）	信頼（する） （しんらい）	ところで
名刺 （めいし）	（会社）名 （かいしゃ めい）	肩書き （かた が）	安心する （あんしん）
部長 （ぶちょう）	確か（な） （たし）	判断する （はんだん）	中身 （なかみ）
おしゃれ	同時に （どうじ）	理想 （りそう）	

いっしょに考えましょう

1. あなたは銀行に勤めています。お金を借りたいと言って次の人たちが来ました。あなたはこの中の一人にしか会えません。だれと会いますか。
    A. サンダルをはいた50歳ぐらいの人。
    B. セーターを着た20歳ぐらいの人。
    C. 上着を着、ネクタイをしめた40歳ぐらいの人。
    D. きれいにお化粧をした30歳ぐらいの人。
2. 一回会っただけで、その人がいい人だと思ったことがありますか。それはどうしてですか。

　人間くらい外見に影響されるものはいないだろう。古い田舎の駅がきれいになると、そこを利用する人の服装や様子などまですっかり変わってしまうこともある。病院の医者や看護婦の服は白と決まっていたが、最近は病院に来る人の気持ちを考えて、青やピンクを使う所が多くなった。

　外見といえば、アメリカの大統領選挙では、背の高い人の方がずっと勝ってきたという、うそのような本当の話がある。ある大学の卒業生のうち、背の高い人の方が背の低い人と比べると給料が多かったというデータもある。これは背が高い方が立派に見え、人にも信頼されやすくなるという、いい例ではないだろうか。

　ところで、日本人がよく使う名刺に書かれている会社名や肩書きも外見の一つと考えられる。有名な会社名の入った名刺をもらえば、それだけで人は安心するし、その横に部長の肩書きでもあれば、その信頼はもっと確かになる。外見だけで人を判断するなとよくいわれるが、実際にはそれだけで人を見ていることが多い。もちろん昔からいわれている「外見より中身」ということは本当のことだ。いくら外を飾っておしゃれをしても、中身がなければ何にもならない。しかし、社長になってから前よりずっと立派になったという人の例もあるのだから，外側を作ると同時に中身を良くすることも大切である。理想をいえば、中身も外見も立派になることであろう。

---

*間 影 響 *田 舎 装 *様 *子 *変 看 護 婦 統 領
*選 挙 背 低 比 給 *立 派 信 頼 刺 肩 *安 断 *実
*同 想

次の質問に答えてください。

1. 古い田舎の駅がきれいになると、そこを利用する人の様子はどうなりますか。
2. それはどうしてですか。
3. 同じような例はほかにもありますか。
4. それはどんな例ですか。
5. 外見の良い方が信頼されるという例にはどんなものがありますか。
6. 日本人が人を外見で判断する例をあげてください。
7. 「外見より中身」とはどういう意味ですか。
8. これを書いた人は、外見と中身のどちらを大切にした方がいいと考えていますか。
9. あなたは外見と中身とどちらが大切だと思いますか。
10. 外見を良くしておけば良かったと思ったことがありますか。

A 「～くらい～はない」という言い方を練習しましょう。

例: 人間くらい外見に影響されるものはいないでしょう。

1. _____くらい_____動物はありません。
2. 一日で_____ときくらい楽しいときはありません。
3. _____くらい_____と思った_____はありません。
4. これまでに行った所で_____くらい_____。
5. 日本語の勉強で_____くらい_____。

B 「～といえば」という言い方を練習しましょう。

例: A: 新しい病院ができましたね。
   B: 病院といえば、山田さんが入院したそうですよ。

1. A: きのうのテレビ、面白かったですね。
   B: テレビといえば、_____。
2. A: 日本の家は高いですね。
   B: 家といえば、_____。
3. A: 今年の夏休みはタイへ旅行するんです。
   B: _____といえば、_____。
4. A: 来年は大統領選挙がありますね。
   B: _____といえば、_____。

5. A：新しく名刺を作りました。
　　 B：＿＿＿＿＿＿といえば、＿＿＿＿＿＿。

C　「～ば、それだけで～」という言い方を練習しましょう。

　　例：有名な会社名の入った名刺をもらえば、それだけで安心する。

　　1. 100円入れれば、それだけで＿＿＿＿＿＿。
　　2. 友達がいれば、それだけで＿＿＿＿＿＿。
　　3. 声を聞けば、それだけで＿＿＿＿＿＿。
　　4. 写真を見れば、それだけで＿＿＿＿＿＿。
　　5. 大学に入れば、それだけで＿＿＿＿＿＿。

D　「～と同時に」という言い方を練習しましょう。

　　例：自分の意見も言うと同時にほかの人の考えもよく聞くことが大切だ。

　　1. まどをあけると同時に＿＿＿＿＿＿。
　　2. ＿＿＿＿＿＿と同時にベルが鳴り始めた。
　　3. ＿＿＿＿＿＿と同時に人に信頼されるようになった。
　　4. 一生懸命にはたらくと同時に＿＿＿＿＿＿。
　　5. 若いときには＿＿＿＿＿＿と同時に＿＿＿＿＿＿。

＿／　まとめましょう　／＿

　　下線に言葉を入れて本文をまとめてください。

　　　人間は＿＿＿＿＿＿ものだ。病院で＿＿＿＿＿＿や、背の高い人が＿＿＿＿＿＿た
　　り、＿＿＿＿＿＿たりするのは、そのいい例だ。昔から＿＿＿＿＿＿と言われている
　　が、＿＿＿＿＿＿。しかし、理想をいえば＿＿＿＿＿＿。

＿／　話しましょう　／＿

A　第8課を読んで、ある人が次のように言いました。あなたはどう思いますか。

　　「今は外見の時代だと思う。テレビを見ると、歌が上手でなくても、外見がよ
　く見える人が有名になっている。外見が悪くて友達ができなかったり人に嫌がら
　れたりすることもある。もっともっと、外見を大切にしよう」

B　外見を大切にしなければならないのはどんなときですか。

Ⓐ-1　いくら＿＿＿＿＿ても＿＿＿＿＿ば何にもならない。しかし＿＿＿＿＿ても＿
＿＿＿＿という例もあるから、＿＿＿＿＿。

　例：　本を買ったのに、それを全然読まない人がいる。
　　　　→いくら本を買っても読まなければ何にもならない。しかし読まなくても好き
　　　　で買っているという例もあるから、面白い。

　　1.　お金を持っているのに全然使わない人がいる　→

　　2.　頭が良いのに努力しない人がいる　→

　　3.　立派に着飾っているのに中身がない人がいる　→

Ⓐ-2　＿＿＿＿＿はできれば＿＿＿＿＿方がいいです。理想を言えば、＿＿＿＿＿
て＿＿＿＿＿もっといいのですが。

　例：　学校
　　　　→学校はできれば有名な方がいいです。理想を言えば、家に近くて有名ならも
　　　　っといいのですが。

　　1.　結婚相手　→

　　2.　病院　→

　　3.　家　→

第9課

新しい言葉

近所 きんじょ	せっかく	どうしても	幼い おさな
思い出す おも　だ	すべて	囲む かこ	一杯やる いっぱい
口癖 くちぐせ	(〜に)対する たい	せりふ	判 はん
こうして	知らず知らずのうちに し　　し	いつの間にか ま	描く えが
リボン	長男 ちょうなん	迎える むか	とうとう
(聞かず)じまい き	くせに	ちゃんと	(女の子)用 おんな　こ　よう
区別 く　べつ	個性 こせい	(男)もの おとこ	見かける み
紫 むらさき	派手(な) は　で	灰色 はいいろ	地味(な) じ　み
(黒っ)ぽい くろ	珍しい めずら	いったい	わけ
息子 むすこ	表す あらわ	(言い)出す い　だ	

いっしょに考えましょう

1. 日本語で知っている色を言ってください。
2. その中でどの色が好きですか。
3. なぜその色が好きですか。
4. 「男の子の色」というと、どんな色を考えますか。
5. 「女の子の色」というと、どんな色を考えますか。

　小学校四年生になる近所の男の子が「赤は女の色だから」と言って、せっかく母親が買ってきたシャツをどうしても着ようとしなかったという話を聞き、私も同じようなことを言って母を困らせたことがあったなと、幼いときのことを思い出した。

　子供が五人もいたのに、すべて男。その子供たちに囲まれて一杯やりながら、父は決まって「一人でも女の子がいたらなあ」と言ったものだ。「私も女ですよ」父の口癖に対する母のせりふも、判で押したように決まっていた。女の子を欲しがっていた父は、家の中に「女の色」が少ないからと言って、カーテンの色をピンクにしてみたり、私たち子供に赤の入ったセーターを買ってきたりした。こうして私は知らず知らずのうちに、父に「女の色」を教えられ、いつの間にか私の描く女の子は、赤い服を着、ピンクのリボンをするようになっていた。そんな父だったから、長男の私が結婚したときも、やっと自分にも女の子ができたと言って私の妻を迎え、家の中に「女の色」が増えると言って喜んだ。しかし、父がどうして赤やピンクを「女の色」だと思っていたのかは、とうとう聞かずじまいになってしまった。

　考えてみると、私が子供のころには黄色いセーターを着たりすると、「男のくせに」と言われたものだ。色ばかりではなく、例えばかばんや洋服のデザインなどにも、ちゃんと男の子用、女の子用と区別があったように思う。ところが、最近は個性を大切にする時代なのだそうで、テレビを見ていても、町を歩いていても、「女の人」用のかばんを持った

困　幼　囲　癖　対　押　欲　描　＊男　迎　増　区　個

男性や、「男もの」の時計をした女性を見かけることも少なくない。ピンクや 紫 の派手なシャツを着、赤いハンカチを持った男性もいれば、黒や灰色の地味な上着を着、黒っぽいズボンをはいた女性も、珍 しくない。知らず知らずのうちに「男の色」「女の色」を覚えた私の目には、もう今は男女の色の区別などなくなってしまったように見える。しかし、それなら「女の色」を嫌がって母親を困らせる小学生がいるというのは、これはいったい、どういうわけなのだろう。

　今年三歳になる私の息子も、そのうち赤やピンクが何を 表 すかを知り、「男の色」「女の色」と言い出すのだろうか。

紫　＊灰　＊地　＊上　珍　覚　息　表

次の質問に答えてください。

1. この人が、幼いときのことを思い出したのは、どうしてですか。
2. お父さんはどうしてカーテンをピンクにしたり、子供たちに赤い色の入ったセーターを買ってきたりしたのですか。
3. この人の描く女の子がいつも赤い服を着、ピンクのリボンをしているのはなぜですか。
4. この人はお父さんに赤やピンクがどうして「女の色」なのか聞きましたか。
5. この人が子供のころには黄色いセーターを着たりすると何と言われましたか。
6. この人が子供のころには、どんなものに「男の子」用、「女の子」用の区別があったのですか。
7. 最近、どんな男性や女性を見かけますか。
8. それはどうしてだと言っていますか。
9. あなたは最近、物の色や形に男性用、女性用の区別がなくなったと思いますか。
10. あなたが持っている物の中で男性用の物は何ですか、女性用の物は何ですか。

使いましょう

A 「せっかく」という言い方を練習しましょう。

例： せっかく<u>しゅくだいをした</u>のに、<u>忘れてきてしまいました</u>。

1. せっかく旅行に行く用意をしたのに、_____。
2. せっかくおいしい料理を作ったのに、_____。
3. せっかく_____のに、家にいませんでした。
4. せっかく_____のに、雨にふられてしまいました。
5. せっかくの_____なのに、はたらかなければなりません。
6. せっかくの_____なのに、もうこわれてしまいました。
7. A： 今晩、一緒に映画を見に行きませんか。
   B： せっかくですが、_____。
8. A： これ、おいしいですよ。たくさんめしあがってください。
   B： せっかくですが、_____。

B 「どうしても～ようとしない」という言い方を練習しましょう。

例： 母親が買ってきた赤いシャツをどうしても<u>着よう</u>としなかった。

1. むすめは寝る時間になっても、どうしても_____としなかった。
2. _____のに、息子はどうしても_____としない。

46

3. ＿＿＿＿＿＿のに、かれはどうしても学校を休もうとしない。

4. ＿＿＿＿＿＿のに、かれはどうしても食べようとしない。

5. ＿＿＿＿＿＿のに、どうしても＿＿＿＿＿ない。

C 「～たものだ」という言い方を練習しましょう。

例: 私が子供のころには、黄色いセーターを着たりすると「男のくせに」と言われ <u>たものだ。</u>

1. 今と違って、私の子供のころはよく＿＿＿＿＿＿ものです。

2. 昔は地下鉄がなかったので＿＿＿＿＿＿ものです。

3. 学生時代にはお金がなかったので、＿＿＿＿＿＿ものです。

4. 暇だったころは＿＿＿＿＿ものです。

5. ひらがなが読めなかったころは＿＿＿＿＿＿ものです。

D 「～ように思う」という言い方を練習しましょう。

例: A: この音楽、ごぞんじでしょう。
　　 B: ええ、<u>どこかで聞いた</u>ように思ったんですが。

1. A: あれ、しゅくだいを忘れたんですか。
　　 B: ええ、＿＿＿＿＿ように思ったんですが。

2. A: 私のペンを知りませんか。
　　 B: さっき、＿＿＿＿＿ように思いますが。

3. A: どこかでお会いしたことがありましたか。
　　 B: ええ、＿＿＿＿＿ように思いますが。

4. A: この字、知っているでしょう。
　　 B: ええ、確か＿＿＿＿＿ように思うんですが。

5. A: この料理、初めてですか。
　　 B: いいえ、一度＿＿＿＿＿ように思うんですが。

＿＿ まとめましょう ＿＿

下線に言葉を入れて本文をまとめてください。

　＿＿＿＿＿という話を聞いて昔のことを思い出した。私は父に＿＿＿＿＿よう に思う。

　個性を大切にする今は＿＿＿＿＿ ように見えるが、それなら＿＿＿＿＿はど ういうわけだろう。

Ⓐ 第9課を読んで、ある人が次のように言いました。あなたはどう思いますか。

「いつ、どこで、どんなものを着るかは長い時間かかって昔から考えられたものだから、好きかきらいかだけで決めてはいけないと思います。結婚式のときも、仕事に行くときも、私はみんなと同じ服装で行きます」

Ⓑ 私たちは毎日の生活の中で、どんなところに「色」を利用していますか。

Ⓐ-1 ＿＿＿＿＿のに、いつの間にか＿＿＿＿＿いた。

例: きのうまで子供だと思っていた
　　→ きのうまで子供だと思っていたのに、いつの間にかおとなになっていた。

　1. 名前も知らなかった　→
　2. 顔を見るのも嫌だった　→
　3. 初めはへやに何もなかった　→

Ⓐ-2 ＿＿＿＿＿。＿＿＿＿＿も＿＿＿＿＿ば、＿＿＿＿＿も＿＿＿＿＿。

例: この学校には、アメリカ人や中国人などいろいろな人がいる
　　→ この学校にはいろいろな人がいる。アメリカ人もいれば、中国人もいる。

　1. 京都は、新しいビルと古い建物が一緒にあって、古くて新しい町だ　→
　2. ジョンさんは、絵を描いたり、ピアノをひいたり、いろいろできる　→
　3. 公園の子供たちは、ないたり、けんかをしたり、見ていると面白い　→

新しい言葉

先日 （せんじつ）	突然 （とつぜん）	アンケート	声をかける （こえ）
笑顔 （えがお）	幸せ(な) （しあわ）	生きがい （い）	～まま
黙り込む （だま こ）	つまり	生きる （い）	追う （お）
たいてい	接待 （せったい）	～やら	上司 （じょうし）
引っ越し （ひ こ）	過ごす （す）	ほとんど	ポンと
投げかける （な）	とまどう	（十）代 （じゅうだい）	後半 （こうはん）
（～）にかけて	付き合う （つ あ）	働きバチ （はたら）	天職 （てんしょく）
燃える （も）	娘 （むすめ）	（～に）ついて	街角 （まちかど）
思いがけない （おも）	たった～	（一）度 （いちど）	人生 （じんせい）
コピー	満足する （まんぞく）	まあまあ	不満(な) （ふまん）
愛 （あい）	才能 （さいのう）	健康 （けんこう）	その他 （た）
趣味 （しゅみ）	恋 （こい）	平凡(な) （へいぼん）	変化 （へんか）
富む （と）	経済的(な) （けいざいてき）	豊か(な) （ゆた）	社会的(な) （しゃかいてき）
地位 （ちい）	名誉 （めいよ）		

いっしょに考えましょう

1. 今までに何かのアンケートに答えたことがありますか。
2. それはどんなアンケートでしたか。
3. 何かに夢中になったことがありますか。
4. 何かに夢中になってやっている人を見て、どう思いますか。
5. 今、一番やりたいことは何ですか。

　先日町を歩いていると、突然「アンケートをお願いします」と声をかけられた。笑顔で「今、幸せですか。あなたの生きがいは何ですか」と聞かれて、私は「うーん」と言ったまま、しばらく黙り込んでしまった。「生きがい」というのは、つまり生きる意味というようなことなのだろう。最近は毎日、朝から晩まで仕事に追われ、休みの日もたいてい接待でゴルフに行くやら、上司の引っ越しの手伝いをさせられるやらで、家族と過ごす時間も少なく、自分のことを考える時間などほとんどない。そんなときにポンと投げかけられた「生きがいは」という質問だったので、本当にとまどってしまった。

　十代後半から二十代にかけてはギターに夢中になっていて、音楽が生きがいだと思っていた。妻の典子と付き合っているころは、彼女がすべてだと思っていたし、会社に勤め始めたころは、人から「働きバチだ」と言われても、これが天職だと思って仕事に燃えていた。娘の幸子が生まれたときは、かわいくてかわいくて、「目に入れても痛くない」というのはこういうことだと思い、「生きがい」についてなど考えもしなかった。そして今、街角で思いがけない質問をされて、私は黙り込むしかなかった。

　たった一度の人生を、あなたはどう生きたいと思っていますか。あなたの幸せは何ですか。あなたの生きがいは何ですか。ここに私が答えたアンケートのコピーがあります。あなたもやってみてください。そして人生とは、生きがいとは何かを、一緒に考えてみてください。

---

*日 突 *笑 幸 *生 黙 込 追 接 司 越 *投 質 *後 *典 *付 合
彼 働 職 燃 娘 *幸 街 角

1. あなたは今の生活に

   （　）満足している　　　　　　　　（　）まあまあ満足している

   （　）あまり満足していない　　　（　）不満だ

2. 今、一番欲しいものは

   （　）友達　　　（　）愛　　　（　）才能　　　（　）時間

   （　）お金　　　（　）自由　　　（　）健康

   （　）その他 [　　　　　　　　　　　　　　　　　　　　　　　]

3. 今、一番したいことは

   （　）仕事　　　（　）勉強　　　（　）趣味　　　（　）恋

   （　）結婚　　　（　）その他 [　　　　　　　　　　　　　　　]

4. あなたが理想だと思う人生は

   （　）平凡な人生　　　　　　　　（　）変化に富んだ人生

   （　）経済的に豊かな人生

   （　）社会的地位、名誉のある人生

   （　）自分がやりたいことをやったと満足できる人生

   （　）その他 [　　　　　　　　　　　　　　　　　　　　　　　]

5. 今、生きがいと呼べるものが

   （　）ある [それは、　　　　　　　　　　　　　　　　　　　　]

   （　）ない

   （　）分からない

*足 愛 才 能 健 康 他 趣 恋 平 凡 富 経 済 的 豊 位 誉

次の質問に答えてください。

1. これを書いた人は、道を歩いていたとき、どんなことを聞かれましたか。
2. すぐ答えられましたか。
3. どうしてすぐに答えられなかったのですか。
4. 「生きがい」というのはどういう意味ですか。
5. ギターに夢中になっていたのはいつですか。
6. 会社に勤め始めたころには、どう言われていましたか。
7. 娘さんが生まれたときはどんな気持ちでしたか。
8. そのとき、自分の生きがいはこれだと思いましたか。
9. あなたは「天職」だと思える仕事を持ちたいと思っていますか。それはどんな仕事ですか。
10. あなたは仕事が生きがいになると思いますか。

使いましょう

A 「～まま」という言い方を練習しましょう。

例: 私は<u>電気をつけた</u>まま、いつの間にか眠ってしまいました。

1. 寒かったので、_____まま、寝てしまいました。
2. 急いでいたので、_____まま、出かけてしまいました。
3. 驚いて_____まま、次の言葉が出てきませんでした。
4. せっかく辞書を買ったのに、_____まま、まだ使っていません。
5. ひさしぶりに帰った家は_____のままでした。

B 「つまり」という言い方を練習しましょう。

例: A: 結婚式は、あたたかくなってからしようと思っているんです。
   B: つまり<u>1月、2月ではない</u>ということですね。

1. A: 7月も忙しいし、8月にも仕事があるんです。
   B: つまり_____ということですね。
2. A: もう少しお金があれば買うんですが…。
   B: つまり_____ということですね。
3. A: 彼女は私の父の妹の子供です。
   B: つまり_____ですね。
4. A: あの旅館は急に行ってもとまれないらしいですよ。
   B: つまり_____ということですね。
5. A: 息子は来年大学だし、下の子はまだ小さいし、妻も…。

B：つまり＿＿＿＿＿＿ということですね。

C 「～から～にかけて」という言い方を練習しましょう。

　例：6月から7月にかけて雨が多いです。

　　1. 秋の終わりから冬の初めにかけて＿＿＿＿＿＿。

　　2. 十代後半から二十代にかけて＿＿＿＿＿＿。

　　3. 朝から夕方にかけて＿＿＿＿＿＿。

　　4. 東京から横浜にかけて＿＿＿＿＿＿。

　　5. 私の国では＿＿＿＿＿＿から＿＿＿＿＿＿にかけて＿＿＿＿＿＿。

D 「～やら～やら」という言い方を練習しましょう。

　例：急にお客が来たので、急いでへやを片付けるやらお茶を出すやらで大変でした。

　　1. せっかく海へ行ったのに＿＿＿＿＿＿やら＿＿＿＿＿＿やらで大変でした。

　　2. 子供が5人もいると＿＿＿＿＿＿やら＿＿＿＿＿＿やらで、家の中は大騒ぎです。

　　3. 急に旅行へ行くことになったので、＿＿＿＿＿＿やら＿＿＿＿＿＿やらで大忙しでした。

　　4. せっかくのお金も＿＿＿＿＿＿やら＿＿＿＿＿＿やらで、すっかりなくなってしまいました。

　　5. 妻が急に病気になって＿＿＿＿＿＿やら＿＿＿＿＿＿やらで大変でした。

まとめましょう

下線に言葉を入れて本文をまとめてください。

　　先日、町で「＿＿＿＿＿＿」と聞かれた。若いころは＿＿＿＿＿＿と思ったり、＿＿＿＿＿＿と思っていた。最近は＿＿＿＿＿＿。そんなとき＿＿＿＿＿＿は何かとたずねられて＿＿＿＿＿＿てしまった。

話しましょう

A 第10課を読んで、ある人が次のように言いました。あなたはどう思いますか。

　　「私は毎日一生懸命生きています。何をするのにも一生懸命です。生きがいはなんて考えている時間もないのです。本当に一生懸命生きているときには、生きがいがあるかないかということは、問題にならないと思います」

B あなたがそんけいする人について話してください。どんな生き方をしていますか。

A ＿＿＿＿＿についてなど考えもしなかったので、突然＿＿＿＿＿て＿＿＿＿＿。

例：生きがい
→ 生きがいについてなど考えもしなかったので、突然思いがけない質問をされて黙り込むしかなかった。

1. 言葉の伝わり方　→
2. 食事と健康　→
3. 結婚　→

B ＿＿＿＿＿と、突然＿＿＿＿＿に「＿＿＿＿＿」と聞かれた。最近は＿＿＿＿＿など考えもしなかったので、私はすぐには返事ができず、しばらく＿＿＿＿＿。それから＿＿＿＿＿と考えるようになった。

例：「あなたの生きがいは何ですか」
→ 町を歩いていると、突然若い人に「あなたの生きがいは何ですか」と聞かれた。最近は生きがいのことなど考えもしなかったので、私はすぐには返事ができず、しばらく黙り込むしかなかった。それから私の生きがいは何だろうかと考えるようになった。

1. 「今だれかを愛していますか」　→
2. 「何か趣味を持っていますか」　→
3. 「人生を楽しんでいますか」　→

新しい言葉

お宅	お嬢さん	成人式	(電話が) かかる
～さえ	全く	年齢	生年月日
通う	売り込み	～ものの	経つ
(～に) つれて	何だか	気味が悪い	おかしな
起こる	詳しい	情報	だんだん
怖い	似る	名簿	意味する
方法	又は	(～に) よって	聞き出す
経験	間取り	人数	カーペット
有無	掃除機	信じる	正直 (な)
～として	何気なく	見も知らぬ～	目的
管理する	無視する	金もうけ	許す
財産	戸籍	思想	宗教
他人	万一	悪用する	～こそ
恐ろしい			

いっしょに考えましょう

1. どんなとき、電話は便利だと思いますか。
2. どんなとき、電話は便利ではないと思いますか。
3. 知らない人から電話がかかってきたとき、どうしますか。
4. 全然知らない会社から、手紙をもらったことがありますか。
5. どうしてあなたの住所が分かったのだと思いますか。

　「お宅のお嬢さん、来年二十歳になられますが、成人式のお着物の御用意はいかがされていらっしゃいますか」と、ある日突然、電話がかかってきた。確かに娘は来年の一月に二十歳になる。しかしその店には今まで一度も行ったこともないし、名前さえ全く聞いたことがなかった。そんな店の人が娘の名前や年齢、生年月日、通っている大学の名前までどうして知っているのだろうと不思議に思った。そのときは着物の売り込みぐらいにしか考えなかったものの、時間が経つにつれて、何だか気味が悪くなってきた。

　見たこともない人が私の家の中のことをよく知っている。どうしてこんなおかしなことが起こるのだろう。だれがこんな詳しい情報を知らせたのだろうか。もしかしたら、もっとほかのことも、私の知らないところで、多くの人に知られているのではないだろうか。考えれば考えるほどだんだん怖くなる。娘の友達の家にも、似たような電話が何度もかかってきて困ったということだ。このことは、娘の通っている学校の学生名簿をこれらの店の人が持っているということになる。また、このような情報を売ったり買ったりしている会社があるということも意味する。

　では、その会社はどのようにして情報を集めるのだろうか。社員名簿、学校の名簿などを買うことが一番簡単な方法である。又は、電話によって聞き出す方法もあるだろう。私はこんな経験をしたことがある。ある日「お宅の間取りについてアンケートをお願いします」という電話

宅　嬢　*二　*十　*歳　成　*全　齢　*通　*経　詳　情　報
怖　似　簿　又

があり、家族の人数、年齢、家の広さ、間取り、カーペットの有無、その色などについていろいろ聞かれた。掃除機の会社だという言葉を信じて正直に答えてしまったが、こんな答えも使おうと思えば立派な情報として利用できる。

何気なく聞かれ、何気なく答えていることがみんな情報としてどこかに集められ、見も知らぬ人たちに何かの目的で管理されているということは無視できない問題ではないだろうか。家の大きさや、間取り、子供の年齢などが金もうけに使われるくらいならまだ許せるが、一人一人の財産、戸籍、思想、宗教などまで他人に知られて管理され、万一それが悪用されたら、それこそ恐ろしいことである。

*有 掃 除 *正 *直 *気 *目 管 視 許 財 産 *戸 籍
宗 *悪 恐

次の質問に答えてください。

1. ある日、どんな電話がかかってきましたか。
2. 電話を受けたとき、どう思いましたか。
3. あとから、どんな気持ちになりましたか。
4. 店の人が娘の名前や電話番号を知っていたのはどうしてだと思いましたか。
5. 情報を売ったり買ったりする会社は、どのようにして情報を集めるのですか。
6. 「掃除機の会社」はどんなことをたずねてきましたか。
7. この人はどんなことなら許せると言っていますか。
8. この人は何を心配しているのですか。
9. あなたの国でもこのような電話がかかってくることがありますか。
10. あなたなら、このような電話にどのように答えますか。

使いましょう

A 「～ものの」という言い方を練習しましょう。

　例: 日本には来たものの、言葉が分からず困っている。

1. 旅館の予約はしたものの、まだ電車のきっぷは＿＿＿＿＿＿。
2. 日曜日に子供と遊びに行くと約束はしたものの、＿＿＿＿＿＿。
3. 日本語を習ってはいるものの、使うのは＿＿＿＿＿＿。
4. ＿＿＿＿＿＿ものの、まだ使っていない。
5. ＿＿＿＿＿＿ものの、買い物をしないで帰ってきた。

B 「～につれて」という言い方を練習しましょう。

　例: 時間が経つにつれて、だんだん気味が悪くなってきた。

1. 暗くなるにつれて、だんだん＿＿＿＿＿＿なります。
2. 外国生活が長くなるにつれて、＿＿＿＿＿＿。
3. 寒くなるにつれて、＿＿＿＿＿＿。
4. ＿＿＿＿＿＿につれて、経験も増えてきます。
5. ＿＿＿＿＿＿につれて、友達も多くなります。

C 「～ば～ほど」という言い方を練習しましょう。

　例: 考えれば考えるほど怖くなってくる。

1. 荷物は＿＿＿＿＿＿ば＿＿＿＿＿＿ほど良い。
2. ビールは＿＿＿＿＿＿ば＿＿＿＿＿＿ほどおいしい。

3. 山は上に＿＿＿＿＿＿＿ば＿＿＿＿＿＿＿ほど気温が下がる。

4. 日本語は＿＿＿＿＿＿＿ば＿＿＿＿＿＿＿ほど＿＿＿＿＿＿＿なる。

5. 考えれば考えるほど＿＿＿＿＿＿＿こともある。

Ｄ 「～として」という言い方を使って「田中先生」の話をしましょう。

田中先生は ⇒

1. 学校では＿＿＿＿＿＿＿として働いています。

2. 家では＿＿＿＿＿＿＿として子供たちに愛されています。

3. 学校時代は＿＿＿＿＿＿＿として有名でした。

4. 暇なときには＿＿＿＿＿＿＿として＿＿＿＿＿＿＿ています。

5. 十年後には＿＿＿＿＿＿＿として＿＿＿＿＿＿＿たいと思っています。

Ｅ 「～によって」という言い方を練習しましょう。

例： 電話によっていろいろな情報を集める。

1. 新しいコンピューターによって＿＿＿＿＿＿＿。

2. 外見を飾ることによって＿＿＿＿＿＿＿。

3. おおぜいの日本人と話すことによって＿＿＿＿＿＿＿。

4. ＿＿＿＿＿＿＿によって、相手の心を知ることができる。

5. ＿＿＿＿＿＿＿によって、遠くにいる人にいろいろなことを知らせることができる。

╱ まとめましょう ╱

下線に言葉を入れて本文をまとめてください。

　　時々＿＿＿＿＿＿＿から、電話が＿＿＿＿＿＿＿ことがある。どうやって＿＿＿＿＿＿＿だろうか。これは名簿などを集めて＿＿＿＿＿＿＿。このようにして集めた情報を＿＿＿＿＿＿＿ならまだよいが、＿＿＿＿＿＿＿などまで管理されて＿＿＿＿＿＿＿されたりしたら、＿＿＿＿＿＿＿。

╱ 話しましょう ╱

Ａ 第11課を読んで、ある人が次のように言いました。あなたはどう思いますか。

　　「私の会社は、いろいろなところから情報を集めて、ほかの会社に売っています。情報を売るときには、悪用しないという約束で売りますから、他人に自分の生活を管理されるというのは、心配しすぎだと思います」

B　人に喜ばれる電話の使い方を考えてみましょう。

/ 書きましょう /

A-1 ＿＿＿＿＿という＿＿＿＿＿を聞きました。どうしてこんな＿＿＿＿＿のでしょう。もしかしたら、＿＿＿＿＿のではないでしょうか。考えれば考えるほど＿＿＿＿＿。

　例：いたずら電話がかかってきて困っている人がいる
　　　→いたずら電話がかかってきて困っている人がいるという話を聞きました。どうしてこんな<u>人を困らせるようなことをする</u>のでしょう。もしかしたら、<u>私の家にもかかってくる</u>のではないでしょうか。考えれば考えるほど<u>心配になります</u>。

　　1.　また車の事故で人がなくなった　→
　　2.　また大じしんが起こった　→
　　3.　また川でたくさんの魚が死んだ　→

A-2　人はどのようにして＿＿＿＿＿のでしょうか。＿＿＿＿＿が一番簡単な方法です。または＿＿＿＿＿方法もあります。

　例：情報を集める
　　　→人はどのようにして<u>情報を集める</u>のでしょうか。<u>社員名簿などを買うこと</u>が一番簡単な方法です。または<u>電話によって聞き出す</u>方法もあります。

　　1.　外国語を勉強する　→
　　2.　住むところをさがす　→
　　3.　仕事をさがす　→

第 12 課

新しい言葉

植木（うえき）	市（いち）	主婦（しゅふ）	木陰（こかげ）
白髪（しらが）	小柄（な）（こがら）	生き生きとする（い い）	ぎんなん
えさ	孫（まご）	話しかける（はな）	きっかけ
知り合い（し あ）	親類（しんるい）	亡くす（な）	一人暮らし（ひとり ぐ）
それぞれ	独立する（どくりつ）	時には（とき）	訪ねる（たず）
それに	ちょっとした〜	どんなに	〜ところ
お年寄り（としよ）	公社（こうしゃ）	案内（あんない）	区役所（くやくしょ）
ユニーク（な）	試み（こころ）	老人（ろうじん）	若者（わかもの）
力（ちから）	早速（さっそく）	申し込む（もう こ）	〜後（ご）
転勤（てんきん）	引っ越す（ひ こ）	（〜に）とって	一時（ひととき）
苦労する（く ろう）	知識（ちしき）	いかに（〜か）	先輩（せんぱい）
感謝する（かんしゃ）	祖母（そぼ）	（三）世代（さん せ だい）	きっと

（場所の名前） 浅草（あさくさ） 台東区（たいとう く）

いっしょに考えましょう

1. あなたの近くに一人で暮らしているお年寄りはいますか。
2. お年寄りはどんなことに困っているでしょうか。
3. 若い人は年を取った人にどんなことをしてあげられますか。
4. あなたは年を取ったら、だれと一緒に暮らしたいですか。
5. お年寄りから教えてもらえることは、どんなことですか。

　植木市で有名な東京の浅草で、若い主婦、田川さんに会ったのは去年の夏だった。公園の木陰で、白髪の小柄なおばあさんと楽しそうに話していた。おばあさんもうれしそうだし、生き生きとしていた。次に二人を見たのは秋も終わるころで、二人はぎんなんを拾いながら歩いていた。その次は池のそばで、魚にえさをやっていた。

　「いいですね。お散歩ですか、お孫さんと」

　と話しかけると、おばあさんは、

　「いえいえ、この人は田川さん。いつも連れてきてくれるんですよ。私がここが好きなもんだから」

　と答えた。これがきっかけで、私はこの二人、山口さんと田川さんと知り合いになった。二人は親子でも親類でもない。78歳の山口さんは5年前に御主人を亡くしてから、ずっと一人暮らしを続けている。三人の子供たちはそれぞれ家庭を持ち、独立している。時には訪ねてくれるが、山口さんはやはり寂しかった。それに年を取ると買い物も大変だし、植木の世話だって楽ではない。植木に水をやってもらったり、話相手になってもらったり、ちょっとした手伝いをしてくれる人がいてくれたら、どんなにいいだろうかと思っていたところへ、「おとしより公社」の案内が来たのだそうだ。「おとしより公社」というのは、山口さんが住んでいる台東区の区役所が始めたユニークな試みである。一人暮らしの老人の手伝いをしたいという若い人を、若者の力を借りたいというお年寄りに、区役所が紹介するのである。山口さんは早速申し込ん

植 *市 浅 主 *木 陰 *白 髪 柄 拾 孫 類 亡 暮
独 訪 *試 老 *力 寄 *早 速 申

だ。そして紹介してもらったのが田川さんだった。23歳の田川さんは大阪で生まれ、結婚後、御主人の転勤（てんきん）で東京に引っ越してきた。まだ子供もなければ友達もいない。そんな田川さんにとって、山口さんを訪ねる月曜と木曜の午後は、とても楽しい一時なのである。

「昔の浅草の様子や、戦争（せんそう）で家を焼（や）かれて苦労（くろう）したころのことや、御主人の思い出など、山口さんの話を聞いていると、私の知識（ちしき）や経験がいかに少ないものかが分かるんです。人生の先輩（せんぱい）としていろいろ教えていただいて感謝（かんしゃ）しています」と田川さんは言う。

今年の夏は私も一緒に植木市へ行く約束をした。ちょうど祖母（そぼ）、母、娘の三世代である。きっと楽しい散歩になるだろう。

阪 ＊勤 戦 争 焼 ＊苦 労 ＊知 識 輩 謝 祖 ＊母

次の質問に答えてください。

1. これを書いた人が初めて二人を見かけたのはいつ、どこででしたか。
2. この人が二人と知り合ったきっかけは何でしたか。
3. そのとき、二人の様子はどうでしたか。
4. 山口さんが一人暮らしをしているのはどうしてですか。
5. 山口さんはどんなことに困っていましたか。
6. 田川さんはどうして山口さんと知り合いになりましたか。
7. 「おとしより公社」ではどんなことをしていますか。
8. 山口さんは田川さんにどんな話をしますか。
9. あなたは「おとしより公社」をどう思いますか。
10. 私たちは一人暮らしのお年寄りにどんなことをしてあげられると思いますか。

使いましょう

Ａ-1　「～ところ」という言い方を練習しましょう。

例：　A：まだ出かけないんですか。
　　　B：今、<u>出かける</u>ところです。

1. A：お忙しそうですね。
　　B：ええ、これから＿＿＿＿＿＿＿ところなんです。
2. A：もう12時すぎですよ。まだ起きているんですか。
　　B：今、＿＿＿＿＿＿＿ところです。
3. A：すみません。ちょっとお願いできますか。
　　B：ええ、いいですよ。ちょうど＿＿＿＿＿＿＿ところですから。

Ａ-2　例：　A：御主人はいらっしゃいますか。
　　　　　　B：<u>主人はおふろに入っている</u>ところですから、あとでお電話ください。

1. A：ここで音楽を聞いてもいいですか。
　　B：＿＿＿＿＿＿＿ところですから、静かにしてください。
2. A：まだでしょうか。
　　B：＿＿＿＿＿＿＿ところですから、お待ちください。
3. A：片付けてもいいですか。
　　B：＿＿＿＿＿＿＿ところですから、そのままにしておいてください。

Ａ-3　例：　A：一緒に食事でもしませんか。
　　　　　　B：すみません。今、<u>食べた</u>ところなんです。

64

1. ＿＿＿＿＿＿ところです。あたたかくておいしいですよ。
2. A：林さんはいらっしゃいますか。
   B：たった今、＿＿＿＿＿＿ところです。
3. 駅に着いたら、ちょうど＿＿＿＿＿＿ところでした。

Ｂ 「～にとって」という言い方を練習しましょう。

例：一人暮らしのお年寄りにとって、若い人の手伝いはうれしいものです。

1. 子供にとって、夏休みは＿＿＿＿＿＿ものです。
2. 若い人にとって、音楽は＿＿＿＿＿＿。
3. 留学生にとって、家族からの手紙は＿＿＿＿＿＿。
4. ＿＿＿＿＿＿にとって、＿＿＿＿＿＿は大きな問題です。
5. ＿＿＿＿＿＿にとって、＿＿＿＿＿＿は楽しみの一つです。

Ｃ 「～ものですから」という言い方を練習しましょう。

例：急いでいるものですから、お先に失礼します。

1. ＿＿＿＿＿＿ものですから、つい食べすぎてしまいました。
2. ＿＿＿＿＿＿ものですから、うっかり忘れてしまいました。
3. あまり面白いものですから、＿＿＿＿＿＿。
4. どうしても分からなかったものですから、＿＿＿＿＿＿。
5. ＿＿＿＿＿＿ものですから、＿＿＿＿＿＿。

Ｄ 「きっかけ」という言い方を練習しましょう。

例：A：いつたばこをおやめになったのですか。
　　B：彼女にやめろと言われたのがきっかけなんです。

1. A：どうして医者になろうと決めたんですか。
   B：＿＿＿＿＿＿がきっかけなんです。
2. A：どこでかれと友達になったんですか。
   B：＿＿＿＿＿＿がきっかけなんです。
3. A：どうして肉を食べないのですか。
   B：＿＿＿＿＿＿がきっかけで＿＿＿＿＿＿なったんです。
4. A：山田さん、毎週日曜日にテニスをされているらしいですね。
   B：ええ、＿＿＿＿＿＿がきっかけで＿＿＿＿＿＿そうです。
5. A：おくさんは外国の方だそうですね。
   B：ええ、＿＿＿＿＿＿がきっかけで＿＿＿＿＿＿んです。

まとめましょう

下線に言葉を入れて本文をまとめてください。

　　　田川さんが山口さんと知り合いになったのは＿＿＿＿＿。山口さんは5年前から＿＿＿＿＿ので、＿＿＿＿＿。田川さんは＿＿＿＿＿し、＿＿＿＿＿ので、＿＿＿＿＿と言っている。

話しましょう

Ａ　第12課を読んで、ある人が次のように言いました。あなたはどう思いますか。

　　　「山口さんには、子供が3人もいるのですから、その子供がお世話をしたらいいと思います。お年寄りを一人にしないように、国が決めればいいと思います。そうすれば『おとしより公社』のようなものもいらなくなると思います」

Ｂ　世代の違う人が集まることに、どんな意味がありますか。

書きましょう

Ａ　＿＿＿＿＿という話を聞いていると、＿＿＿＿＿がいかに＿＿＿＿＿かが分かるんです。

　例：御主人の思い出や戦争で家を焼かれて苦労した
　　　→ 御主人の思い出や、戦争で家を焼かれて苦労したという話を聞いていると、私の知識や経験がいかに少ないかが分かるんです。

　1.　留学生の生活はアルバイトや勉強で大変だ　→
　2.　今の日本の小学生はテストなどで大変だ　→
　3.　日本では主婦が外で働くのは、仕事と子供の世話で大変だ　→

Ｂ　＿＿＿＿＿という話を聞いて、＿＿＿＿＿がいかに＿＿＿＿＿かが分かりました。私も＿＿＿＿＿がきっかけで、＿＿＿＿＿。

　例：親と子が話しあうこと / 先生の話
　　　→ 寂しくて紫だけで絵をかくという話やいたずら電話をかけて面白がるという話を聞いて、親と子が話し合うことがいかに大切かが分かりました。わたしも先生の話がきっかけで、子供たちと話すようになりました。

　1.　たばこをやめること / 彼女にやめたほうがいいと言われた　→
　2.　食べ物と健康 / 友人が入院した　→
　3.　運動する / 体重が増えた　→

第 13 課

新しい言葉

出張 しゅっちょう	もうすぐ	原因 げんいん	いまだに
遺言 ゆいごん	遺体 いたい	落ち着く お つ	調子 ちょうし
しまいに	定年 ていねん	引っ込む ひ こ	縁 えん
～ぞ	繰り返す く かえ	何よりも なに	嫌う きら
形見 かた み	海外 かいがい	動く うご	パート
不便(な) ふ べん	感じる かん	～どころか	かえって
ゆとり	～わけではない	身の回り み まわ	電子レンジ でんし
炊飯器 すいはん き	全自動洗濯機 ぜんじどうせんたくき	デジタル	表示 ひょうじ
行き帰り い かえ	あちらこちら	アナログ	(アナログ)型 がた
確かめる たし	気にする き	気がつく き	あと～
せき立てる た	いらいらする	合わせる あ	腹時計 はらどけい
見当を付ける けんとう つ	沸かす わ	注ぐ そそ	今では いま
にらめっこする	～はず	ほぼ	正確(な) せいかく
気に入る き い	遭う あ		

いっしょに考えましょう

1. あなたはいつも時計を持っていますか。
2. 時計が便利だと思うのはどんなときですか。
3. 時計を何度も見るのはどんなときですか。
4. 時計を持たないで生活できると思いますか。
5. もし世界中の時計がなくなったらどうなるでしょう。

出張途中の飛行機事故で突然主人を亡くしてもうすぐ三年になる。事故の原因はいまだに分からない。遺言も残さず、遺体も帰ってこなかった。「時間に追われるような、こんな落ち着かない生活はもう嫌だ。この調子で仕事を続けていたら、しまいには死んでしまう。定年になったら田舎に引っ込んで、時計とは縁のない生活をするぞ」と口癖のように繰り返し、時間に追われる毎日を何よりも嫌っていた主人が私に残してくれた形見は、古い腕時計であった。海外出張前に「空港で新しいのを買うから」と言って残していった古い腕時計は、今も休まず動いている。

主人を亡くしてから、私は外に出るとき時計を持っていかないことにした。パートに出るときにもそうした。初めは少し不便に感じることもあったが、慣れてくると不便どころか、かえって生活にゆとりさえ出てきた。時計を持たなくなったからといって、時間のことを全然考えずに生活しているわけではないし、身の回りに時計が一つもないわけでもない。私の部屋には目覚まし時計があるし、ビデオや電子レンジ、それに炊飯器や全自動洗濯機にまでデジタル表示の時計が付いている。パートの行き帰りにも、駅や銀行のビルなど、あちらこちらにあるアナログ型やデジタル型の時計を見て、時間を確かめることができる。

時計を持たなくなって、私は自分が前ほど時間を気にしなくなっているのに気がついた。まず、歩きながら「約束まであと何分」と、何かにせき立てられて何度も何度も時計を見ることがなくなった。また、急ぐ

張 *原 因 遺 *言 *遺 *調 定 縁 繰 *嫌 *形 腕 回
*部 屋 *覚 炊 器 洗 濯 *表 示 型

用事もないのに電車を待ちながら何回も時計を見ていらいらすることも
なくなったし、毎日時計を合わせる必要もなくなった。

　昔から腹時計などというが、私も時計を見なくてもだいたい時間が分
かるようになったのである。「もうそろそろニュースの時間だろう」と
見当を付けると、それが大きくは間違っていない。風呂を沸かしたりイ
ンスタントラーメンに湯を注いで時間を待つときも、今では時計とにら
めっこしなくてもよくなった。「もうできているはずだ、だいたい三分
くらい経ったから」と思って時計を見ると、それがほぼ正確だからであ
る。私はこんな生活が気に入っている。

　主人は出発前にどんな時計を買ったのだろうか。時間に追われるよう
な気持ちで、何度も何度もその時計を見ているときに事故に遭ったので
はないのだろうか。

　「田舎に引っ込まなくても、時計と縁のない生活はできますよ」私は
今日も主人の形見にそう話しかけている。

---

　*回　腹　*風　呂　沸　湯　注　*正　*確　遭　*今　*日

次の質問に答えてください。

1. 御主人はどうして時計を残していきましたか。
2. 御主人が何よりも嫌っていたのは、どんなことでしたか。
3. 御主人は定年後にどんな生活をしたいと言っていましたか。
4. それはどうしてですか。
5. この人が時計を持たなくなったのはいつからですか。
6. 時計を持たなくなって、かえって生活にゆとりが出てきたのはどうしてですか。
7. 今、時計とにらめっこしなくてもよくなったのは、どうしてですか。
   また、時計を見ないで、どんなことができるようになりましたか。
8. 御主人の時計を見ながら、この人はどんなことを時計に話しかけていますか。
9. あなたは今、時間に追われて生活していますか。それはどうしてですか。
10. あなたも時計を持たないで生活したいと思いますか。それはどうしてですか。

使いましょう

A 「～はずだ」という言い方を練習しましょう。

例: 田中さんの家からここまでは1時間くらいかかります。
   A:「田中さんはまだですか。もう3時になりますよ」
   B:「2時前に家を出たそうだから、もうすぐ来るはずですよ」

1. ジョンさんは日本語を3年間勉強しました。
   A:「ジョンさんに出す手紙なんですが、日本語でいいでしょうか」
   B:「＿＿＿＿＿から、＿＿＿＿＿はずですよ」

2. 田中さんには、きのう「あしたは学校は休みです」と言いました。
   A:「田中さんは、今日は学校が休みだということを知っているでしょうね」
   B:「＿＿＿＿＿から、＿＿＿＿＿はずですよ」

3. 田中さんは、きのう「あしたは家にいます」と言っていました。
   A:「田中さんに電話しようと思っているんですが」
   B:「＿＿＿＿＿から、＿＿＿＿＿はずですよ」

4. 田中さんは、きのう「あしたは家にいません」と言っていました。
   A:「田中さんに電話しようと思っているんですが」
   B:「＿＿＿＿＿から、＿＿＿＿＿はずですよ」

5. 今、4時58分です。次のバスは5時です。
   A:「バス、なかなか来ませんね。どうしたんでしょう」
   B:「＿＿＿＿＿から、＿＿＿＿＿はずですよ」

B 「～からといって、～わけではない」という言い方を練習しましょう。

例: 毎日学校へ来ているからといって、日本語が上手になるわけではない。

1. 肩書きが立派だからといって、＿＿＿＿＿＿＿＿わけではない。
2. ねだんが安いからといって、＿＿＿＿＿＿＿＿わけではない。
3. 敬語を使っているからといって、＿＿＿＿＿＿＿＿わけではない。
4. 日本に来たからといって、＿＿＿＿＿＿＿＿わけではない。
5. ＿＿＿＿＿＿＿＿からといって、漢字が読めないわけではない。
6. ＿＿＿＿＿＿＿＿からといって、まずいわけではない。
7. ＿＿＿＿＿＿＿＿からといって、新聞が読めるわけではない。
8. ＿＿＿＿＿＿＿＿からといって、友達になれるわけではない。

C 「～どころか～さえ～ない」という言い方を練習しましょう。

例: A: 漢字はいくつぐらい読めますか。
  B: 漢字どころか、ひらがなさえまだ読めないんです。

1. A: よく外国旅行に行かれるのですか。
  B: ＿＿＿＿＿＿＿＿どころか、＿＿＿＿＿＿＿＿さえ行ったことがありません。
2. A: この方のご住所をごぞんじですか。
  B: ＿＿＿＿＿＿＿＿どころか、＿＿＿＿＿＿＿＿さえ分かりません。
3. A: 料理ができないといっても焼きそばぐらい作れるでしょう。
  B: いいえ、＿＿＿＿＿＿＿＿どころか、＿＿＿＿＿＿＿＿さえ作れません。
4. A: よく本を読みますか。
  B: 忙しくて＿＿＿＿＿＿＿＿どころか、＿＿＿＿＿＿＿＿さえ読めないんです。
5. A: もうしゅくだいはできましたか。
  B: 今日は頭が痛くて＿＿＿＿＿＿＿＿どころか、＿＿＿＿＿＿＿＿。

___

／ まとめましょう ／

下線に言葉を入れて本文をまとめてください。

＿＿＿＿＿＿＿＿てから、＿＿＿＿＿＿＿＿生活をしている。初めは＿＿＿＿＿＿＿＿。時計を持たなくなってから＿＿＿＿＿＿＿＿なったし、＿＿＿＿＿＿＿＿もなった。私は＿＿＿＿＿＿＿＿が気に入っている。

___

／ 話しましょう ／

A 第13課を読んで、ある人が次のように言いました。あなたはどう思いますか。

「『時計と縁のない生活』」は、田舎でなら考えられても、都会ではできないと思

71

う。私は電車の運転をしているが、私の運転する電車が5分遅くなっても大きい声で怒るお客さんを見ると、時計は必要だと思う」

B　私たちの毎日の生活で、いらないと思う機械は何ですか。

/ 書きましょう /

A-1 ＿＿＿＿＿から、＿＿＿＿＿ことにした。初めは＿＿＿＿＿が、慣れてくると
＿＿＿＿＿どころか、かえって＿＿＿＿＿。

例: 自分の時計を持って歩かないことにした
　　→いろいろなところに時計があるから、私は自分の時計を持って歩かないことにした。初めは不便なこともあったが、慣れてくると不便どころか、かえってゆとりを持って生活できるようになった。

1. エレベーターを使わないことにした　→
2. 車を使わないことにした　→
3. テレビを見ないことにした　→

A-2 ＿＿＿＿＿からといって＿＿＿＿＿わけではないし、＿＿＿＿＿わけでもない。

例: 時計を持たなくなった
　　→時計を持たなくなったからといって時間のことを全然考えないで生活しているわけではないし、身の回りに時計が一つもないわけでもない。

1. テレビを見なくなった　→
2. 田舎で生活している　→
3. 教室で日本語を使わない　→

新しい言葉

坊さん	自然	生まれ育つ	自然科学
教師	仏教	祖父	代
寺	さらに	勧め	苦い
平和	軍縮（＝軍備縮小）	ただ	気が弱い
まさか	文章	変える	人工衛星
地球	宇宙飛行士	美しい	浮かぶ
球	イデオロギー	領土	争う
血	流す	ばかばかしい	民族
ホモサピエンス	種	生き物	周り
種	道具	次々に	援助
大喜び	懐かしい	ふるさと	夢
協力する	～うちに	現れる	

（場所の名前）　ベトナム

いっしょに考えましょう

1. 子供のころ、あなたは何になりたいと思っていましたか。
2. だれかに会ったことがきっかけで何かを始めたことがありますか。
3. 何かのきっかけとなった経験がありますか。それはどんなことですか。
4. 言葉が何かのきっかけになったことがありますか。
5. そのほかにあなたが何か影響を受けたことはありますか。

　川上良円さんは若い坊さんである。富士山の見える自然の豊かな町に生まれ育ち、山を歩いて草花の写真を撮るのが何よりも好きな良円さんは、高校を卒業するころまでは自然科学の教師になりたいと考えていたほどだった。しかし仏教の大学に入ったのは、家が祖父の代から寺であったこと、さらに父親の強い勧めがあったからである。父親の良恵さんは自分の苦い経験から「戦争はいけない。平和を守らなければならない」といつも言っていた。そしていろいろな所へ出かけていっては、平和や軍縮について話をするのが自分の仕事だと考えている。良円さんはそんな父親を見て、ただ自然が好きなだけの気の弱い自分に寺の仕事なんてまさかできるはずがないと思っていた。

　大学を卒業する春のことだった。ある写真の展覧会で見た一枚の写真と、その写真のそばに書かれた短い文章が良円さんの気持ちを変えさせた。それは人工衛星から撮った地球の写真と宇宙飛行士の言葉だった。

　「遠く離れた宇宙から見た地球は、とても美しい、夜空に浮かぶ小さな青い球だ。あの上で人々がイデオロギーや領土のことで争い、血を流し合っているなんて、どうしても信じることができないほどばかばかしい。国や民族が違っても、みんなホモサピエンスという同じ一つの種なのだから」

　小さい青い球の上の生き物——そうか、それが自分たちだったのか、

＊上 ＊良 坊 富士 ＊山 ＊自 撮 科 師 仏 ＊父 寺 勧 恵 ＊苦 軍 縮 弱 展 覧 枚 章 衛 ＊星 宇宙 ＊士 ＊美 ＊夜 ＊空 浮 ＊争 血 流 民 種

と良円さんは思った。毎日見ている富士山もみんなの家も周りの人たちも、宇宙から見たら一つの球なのだ。そう考えて良円さんは、一年ほど前から町に住み始めたベトナムの人たちと一緒に、野菜畑を作ってみようという気持ちになった。国を離れて新しい土地で一生懸命に生活しようとしている人たちである。町の人たちに相談してみたところ、土地を使わせてくれる人、野菜の種をくれる人、畑仕事の道具を貸してくれる人が次々に出てきた。良円さんはあちらこちらへ行き、いろいろな人に援助を求め、そして土曜日、日曜日には朝からベトナムの人たちと畑に出るようにした。ベトナムのみんなは大喜びだった。懐かしいふるさとの野菜が作れるなんて夢のようだとおばあさんが言った。工場の仕事でどんなに疲れていても、畑に来ると元気になれると若者が言った。初めてできた野菜は協力してくれた町の人たちにも食べてもらった。そうしているうちに、喜んだ町の人の中から、もっと広い畑を貸そうと言ってくれる人も出てきたし、一緒に働きたいという若者も現れた。

　良円さんは今、父親とは違った形で平和のために自分にできそうなことは何だろうかと、まじめに考え始めたところである。

周　菜　＊畑　＊相　＊種　具　援　懐　＊夢　協　現

次の質問に答えてください。

1. 川上さんが自然科学の教師になりたいと思っていたのはどうしてですか。
2. 川上さんのお父さんはどんな平和運動をしていますか。
3. 展覧会の写真を見て川上さんはどう思いましたか。
4. そして、何をすることにしましたか。
5. どうしてベトナムの人たちのために何かしようと思ったのですか。
6. 町の人たちはどんな協力をしてくれましたか。
7. ベトナムの人たちは何と言って喜びましたか。
8. 野菜をもらった町の人たちの中からどんな人が出てきましたか。
9. 川上さんのような人を知っていますか。その人はどんなことをしていますか。
10. 平和のためにあなたができることは何だと思いますか。

使いましょう

A 「～ては～」という言い方を練習しましょう。

例: 彼はいろいろな所へ行っては写真を撮っています。

1. 家族の写真を見ては_____。
2. 父が好きだった音楽を聞いては_____。
3. 体重をはかっては_____。
4. 父はお酒を飲んでは_____。
5. _____ては_____を思い出している。

B 「～たところ」という言い方を練習しましょう。

例: 先生にうかがってみたところ、分からないという返事でした。

1. 空港に電話をして聞いてみたところ、_____。
2. 実際に行ってみたところ、_____ほど_____。
3. できるかどうか聞いたところ、_____ということでした。
4. 市役所で調べてもらったところ、_____。
5. たばこに火をつけようとしたところ、_____。

C 「～うちに」という言い方を練習しましょう。

例: 何回も練習しているうちにだんだん分かってきました。

1. 朝のうちに_____。
2. 若いうちに_____。

3. 元気なうちに＿＿＿＿＿＿＿＿。

4. 暗くならないうちに＿＿＿＿＿＿＿＿。

5. 忘れないうちに＿＿＿＿＿＿＿＿。

6. いろいろ考えているうちに＿＿＿＿＿＿＿＿。

7. 話し合っているうちに＿＿＿＿＿＿＿＿。

8. 日本で生活しているうちに＿＿＿＿＿＿＿＿。

D 「まさか～はずがない」という言い方を練習しましょう。

例： A： 小林さんがあのマンションを買うと言っていたそうですよ。

B： あんな高いマンションがまさか<u>買える</u>はずがありませんよ。

1. A： 青山さんが入院したというのは本当ですか。

B： あんなに元気だった人がまさか＿＿＿＿＿＿＿＿はずがありません。

2. A： これ、もう動きません。

B： きのう買ってきたばかりなのに、まさか＿＿＿＿＿＿＿＿はずがありません。

3. A： 都会の中に野菜畑があるそうです。

B： まさか＿＿＿＿＿＿＿＿はずがありません。

4. A： まだでしょうかね。

B： 何度もたのんだのですから、まさか＿＿＿＿＿＿＿＿はずがありません。

5. A： 上手な絵ですね。息子さんがおかきになったのですか。

B： まさか＿＿＿＿＿＿＿＿はずがありません。

＿＿／ まとめましょう ／＿＿

下線に言葉を入れて本文をまとめてください。

　川上さんは＿＿＿＿＿＿＿＿までは＿＿＿＿＿＿＿＿と思っていた。その気持ちが変わったのは＿＿＿＿＿＿＿＿からだった。それがきっかけで＿＿＿＿＿＿＿＿てみようという気持ちになった。みんなに喜んでもらって＿＿＿＿＿＿＿＿とまじめに考え始めている。

＿＿／ 話しましょう ／＿＿

A 第14課を読んで、ある人が次のように言いました。あなたはどう思いますか。

　「良円さんのような人をたくさん知っています。でも、一人の力は小さなものだから、そんな人が何人いても世界は今と同じです。自分が満足するために働いているのならいいのですが……」

B あなたが大切にしている出会いについて話してください。

A-1 ＿＿＿＿＿＿＿ては＿＿＿＿＿＿ているうちに、＿＿＿＿＿＿になった。そこで＿＿＿＿＿＿と＿＿＿＿＿＿てみたところ、＿＿＿＿＿＿た。

例： 草花の写真を撮る ⇨ その絵をかく
　　→ 山を歩いてはそこに生えている草花を見ているうちに、草花の写真を撮るようになった。そこで今度はその絵をかこうと思ってかいてみたところ、前より草花のことがよく分かるようになった。

　1. 絵を見る ⇨ 自分でかく　→

　2. 自分でケーキを焼く ⇨ ケーキの店を始める　→

　3. ダイエットの研究をする ⇨ それを本に書く　→

A-2 ＿＿＿＿＿＿＿ている。私はそんな＿＿＿＿＿＿を見て、まさか＿＿＿＿＿＿はずがないと思っていた。そんな気持ちが変わったのは＿＿＿＿＿＿がきっかけだった。

例： 父がいろいろな所へ行って、平和について話をしている。
　　→ 父がいろいろな所へ出かけていって、平和について話をしている。私はそんな父を見て、まさか自分にそんなことができるはずがないと思っていた。そんな気持ちが変わったのは一枚の写真を見たのがきっかけだった。

　1. 娘がやせようとたいそうをしている　→

　2. 友達が毎日5キロ走っている　→

　3. 母が新聞によく投書している　→

第15課

新しい言葉

旅の恥はかき捨て	ことわざ	その上
厳しい	上下関係	だから
枠	無礼講	戻る
しっかりと	決める	壊れる
息抜き	現代	全体
集団	秩序	出来上がる
相変わらず	課長	平社員
乱す	気にかける	関心
ふり	慌てる	譲る
態度	属する	規律正しい
一方	意識	いつまでも
嘆き	丁寧(な)	ただし
決して	よそ者	なかなか
～まい		

いっしょに考えましょう

1. あなたの国には外国人がたくさんいますか。
2. あなたは「外人」と呼ばれたことがありますか。
3. あなたの国にも「外人」という言葉がありますか。
4. 日本人とすぐ友達になれますか。
5. 日本人の友達とそのほかの国の友達とでは、どちらが多いですか。

79

　「旅の恥はかき捨て」ということわざがある。旅に出たらどんなこと
をしても許されるという意味だ。昔の日本ではそれほど簡単に旅に出る
ことはできなかった。多くの人は生まれた土地を離れることなく死ぬま
で同じ所に住み、その上、厳しい上下関係の中に生きていた。だから
旅はその枠から出られる、ただ一つの機会だったわけだ。それで旅に出
たら少しぐらいの自由は許してもよいと考えたのだろう。

　無礼講という言葉もある。「今日は無礼講で飲もう」と言えば、その
ときだけは相手が自分より上か下かなどは忘れ、失礼があっても少しぐ
らいなら気にせず付き合うことができる。しかしこのときが過ぎれば、
また厳しい上下関係に戻らなければならない。しっかりと決められた社
会の枠が壊れずに長く続いたのは、無礼講のような息抜きが時々あった
からなのだろう。

　現代の日本では、社会全体としての上下関係はほとんどなくなったと
はいうものの、昔とはまた違った集団の秩序がしっかりと出来上がっ
ている。その集団の一つは会社である。会社の中では相変わらず、社
長、部長、課長、平社員という秩序が厳しく守られ、それを乱そうと
する者はあまりいない。ところが会社の中の人間関係は気にかけるの
に、会社の外の人に対しては関心を持たない人も多い。電車の中で、お
年寄りが立っていても知らないふりをしておきながら、自分の先輩や会
社の上司が乗ってくると、慌てて席を譲ったりすることさえある。この
ような態度は「ウチ」と「ソト」という関係から説明できる。自分の属

＊旅　恥　捨　厳　＊下　枠　＊無　講　戻　壊　＊息　抜　＊現　＊集
団　秩　序　課　＊平　乱　慌　譲　態　属

している社会を「ウチ」といい、「ウチ」の者に対しては規律正しくその秩序を守るようにする。一方、「ソト」に対しては「ウチ」に対するほどの関心を持たない。

　外国人のことをよく「外人」というが、これもやはり同じような意識から出た言葉ではないだろうか。何年日本に住んでいようと、日本人より日本的であろうと、いつまでも「外人」と呼ばれるという嘆きを聞いたことがある。「日本人は確かに大変丁寧だが、ただしそれはお客様に対する丁寧さであって、自分たちの社会には決して入れてくれない」という嘆きだ。「よそ者だ」というわけである。このように「ソト」の者をなかなか「ウチ」へ入れようとしないのは、しっかりと出来上がった「ウチ」の秩序が乱されないかと心配し、そうすることで「ウチ」社会を壊すまいとしているからなのだろうが、これは日本だけのことだろうか。

律　*方　嘆　丁　寧　客　*決

┌─────────────┐
│ 答えましょう │
└─────────────┘

次の質問に答えてください。

1. 昔の社会はどんな社会でしたか。
2. 昔の人にとって、旅はどんな機会だったのですか。
3. 旅のほかにはそのような機会がありましたか。
4. それはどんな意味ですか。
5. 現代の日本で厳しい上下関係が見られるのはどんな集団ですか。
6. 「ウチ」、「ソト」とは何のことですか。
7. この人は日本に住んでいる外国の人からどんな嘆きを聞いたことがありますか。
8. どうして日本人はソトの人たちをウチに入れようとしないのですか。
9. ウチ、ソトの区別があるのは日本だけのことだと思いますか。
10. どうしてこのような区別があるのですか。

┌─────────────┐
│ 使いましょう │
└─────────────┘

「〜わけだ」という言い方を練習しましょう。

Ａ-1 　例：時間に追われたくないから、時計を持たなくなったわけです。
　　　　　　若者をお年寄りに紹介しようと、「おとしより公社」を作ったわけです。

1. ＿＿＿＿＿＿から、留学したわけです。
2. ＿＿＿＿＿＿から、仕事をやめることになったわけです。
3. ＿＿＿＿＿＿たいと思って、さがしているわけです。
4. ＿＿＿＿＿＿うと思って、ここに集まったわけです。
5. ＿＿＿＿＿＿ので、アンケートをお願いしているわけです。

Ａ-2 　例：A: きのうはさいふをなくしたり、駅でころんだりして大変でした。
　　　　　　B: きのうはあまりいい日ではなかったというわけですね。

1. A: あのう、さっきのお話について、いろいろ質問があるのですが...。
　　B: ＿＿＿＿＿＿というわけですね。
2. A: この仕事は難しそうだし、時間もないし、私には...。
　　B: ＿＿＿＿＿＿というわけですね。
3. A: ごめんなさい。きのうは出かけてしまって、家にいなかったのです。
　　B: ああ、それで＿＿＿＿＿＿というわけですか。
4. A: トムさんは今度新しく車を買ったそうですよ。
　　B: ああ、それで＿＿＿＿＿＿というわけですか。
5. A: リンさんは料理学校に行きたいと言っていましたよ。

B: つまり＿＿＿＿＿というわけですか。

B　「～ながら」という言い方を練習しましょう。

例: 来ると約束しておきながら、<u>けい子さんは来ませんでした</u>。

1. 日本語ができないと言いながら、＿＿＿＿＿。
2. たばこが体に悪いと分かっていながら、＿＿＿＿＿。
3. いつも人の世話になっておきながら、＿＿＿＿＿。
4. あの人がどこにいるか知っていながら、＿＿＿＿＿。
5. 家族のことが気にかかっていながら、＿＿＿＿＿。

C　「～しようと～」という言い方を練習しましょう。

例: 何年日本に住んでいようと<u>分からないことがあります</u>。

1. どこのだれと結婚しようと、＿＿＿＿＿。
2. 何があろうと決して＿＿＿＿＿。
3. 何年かかろうと＿＿＿＿＿。
4. だれが何と言おうと＿＿＿＿＿。
5. だれが来ようと＿＿＿＿＿。

D　「～まい」という言い方を練習しましょう。

例: <u>頭が痛くなったので、もう二度とお酒は飲む</u>まいと思いました。

1. ＿＿＿＿＿まいと思ったのに、休んでしまいました。
2. ＿＿＿＿＿まいと思っていたのに、また悪いことを言ってしまった。
3. ＿＿＿＿＿まいと思ったのに、また同じレストランへ行った。
4. ＿＿＿＿＿まいと決めていたのに、ついたばこを吸ってしまった。
5. ＿＿＿＿＿まいと思っていたのに、うっかり忘れてしまった。

まとめましょう

下線に言葉を入れて本文をまとめてください。

　　昔の日本人は＿＿＿＿＿に生きていた。今の社会にも＿＿＿＿＿区別がある。例えば＿＿＿＿＿というのが「ウチ」と「ソト」の考え方である。外国人を「外人」と呼んで「ウチ」へ入れようとしないのも＿＿＿＿＿。

話しましょう

A　第15課を読んで、ある人が次のように言いました。あなたはどう思いますか。

「私も長く外国で生活したが、自分たちの秩序を乱されないようにするのは、当たり前のこと。何年日本に住んでいても、いつまでも『外人』だという人に、自分の国のことを考えてほしい。やっぱり、ウチとソトがあるはずだ」

B　外国で生活したことで、ものの見方や考え方が変わりましたか。

/ 書きましょう /

A-1 ＿＿＿＿＿＿ても＿＿＿＿＿ふりをしておきながら、＿＿＿＿＿と、慌てて＿＿
＿＿＿。

例: 電車でお年寄りが自分の前に立つ
　　→ 電車でお年寄りが自分の前に立っても、気がつかないふりをしておきなが
　　ら、上司が乗ってくると、慌てて席を譲る。

1. 道で先生に会う　→
2. 妻が注意する　→
3. 課長にものをたのまれる　→

A-2 ＿＿＿＿＿が、ただし、それは＿＿＿＿＿であって、＿＿＿＿＿。

例: 日本人は丁寧だ
　　→ 日本人は丁寧だが、ただし、それはお客に対する丁寧さであって、自分たち
　　の社会には入れてくれない。

1. 田中先生は厳しい　→
2. トムさんは英語しか話さない　→
3. 山口さんはよく旅行する　→

新しい言葉

市内 しない	向かう む	通勤 つうきん	込む
ストレス	高速道路 こうそくどうろ	手が行く て い	信号 しんごう
鏡 かがみ	映る うつ	胃 い	痛む いた
トースト	朝食 ちょうしょく	済ませる す	朝刊 ちょうかん
さっと	目を通す め とお	それなのに	レポート
昼食 ちゅうしょく	会議 かいぎ	契約 けいやく	済む す
代理 だいり	（中小）企業 ちゅうしょう きぎょう	青年 せいねん	経営(者) けいえい しゃ
セミナー	部下 ぶか	ネオン街 がい	うまくやる
潤滑油 じゅんかつゆ	あきらめる	別 べつ	ひどい
都心 としん	一戸建て いっこだ	公団住宅 こうだんじゅうたく	当たる あ
手に入れる て い	社宅 しゃたく	ローン	物価高 ぶっかだか
世の中 よ なか	支える ささ	宝くじ たから	茶漬け ちゃづ
すする	解消 かいしょう	おっと	クラクション
鳴らす な	おい	お互い様 たが さま	～ところで

いっしょに考えましょう

1. 電車の中で見る日本のサラリーマンはどんな様子ですか。
2. それを見て、どう思いますか。
3. 日本のサラリーマンは日曜日をどのように過ごすか、知っていますか。
4. あなたは日本でサラリーマンをしてみたいですか。
5. あなたの国のサラリーマンはどんな生活をしていますか。

...朝7時半、市内へ向かう道路は、通勤の車でもう込み始めている。今日一日のストレスの始まりだ。この間のように高速道路で事故でも起これば、会社に着くのが一時間以上は遅れてしまう。そんなことを考えているといらいらし、ついたばこに手が行く。そうだ、医者に早くたばこをやめるように言われていた。信号で止まった。鏡に映った後ろの車の男もたばこを吸っている。彼もやっぱりストレスで胃が痛むことがあるのだろうか。

今日も急いで出かけてきた。起きるとすぐ、トーストにコーヒーの簡単な朝食を済ませ、朝刊にさっと目を通し、家を出る。子供たちはまだ昨日の晩帰ったときと同じようによく眠っていた。子供たちの顔がゆっくり見られるのは一週間に一度ぐらいしかない。それなのにその大事な休みの日さえも会社のゴルフなどでなくなってしまうことが少なくない。

昨日も忙しい一日だった。午前中は、いろいろな手紙やレポートなどを読んだりして終わってしまった。午後は昼食をとりながら会議が一つ。客との契約が済む。次にまたほかの会議。事務所での仕事はこれで終わりだった。5時半、部長の代理で「中小企業・青年経営者セミナー」の会議に出るため、会社の近くのホテルへ行く。会議の途中で、約束のあった客を迎えに部下と一緒に駅へ向かう。客に会って食事をし、その後はいつものネオン街へ。接待は嫌なものだ。本当はやりたくないのだが、これも商売をうまくやるための一つの潤滑油なのだからとあ

---

*遅 鏡 映 吸 *彼 胃 *朝 済 刊 昨 *日 *昼 契 企
*青 営 *街 潤 滑 油

きらめている。12 時近く、客をタクシーに乗せ、自分も別のタクシー
を拾った。タクシーを拾うのにひどく時間がかかった。みんなが 競 争
のようにしてタクシーに乗っていく。家が遠いのはだれでも同じなの
だ。3 年前に都心から電車で一時間半ほどの所にある一戸建ての公団住
宅が当たって、やっと手に入れた家に向かう。会社に近い社宅に住めば
ずっと便利なのだが、子供たちを少しでも広い所で育てたいと思うと、
これも我慢しなければなるまい。今の給料では家のローンを払うのも大
変だ。この物価高の世の中、家族を支えていくのも楽ではない。この間
買った宝くじでも当たればなあ。——午前 1 時前、やっと家に着いた。
妻の出してくれた茶漬けをすする。一日で一番落ち着く時間だ。しかし
これだけでは十分なストレス解消にはならないのだが。

　. . .おっと、後ろの車がクラクションを鳴らしている。信号は青に変
わっていた。おいおい、お互い様じゃないか。そんなにいらいらしたと
ころで早く行けるわけじゃない。さぁ、今日も一日がんばろう。

競　価　支　宝　漬　解　*消　互

次の質問に答えてください。

1. この人がけさ出かけるとき、子供たちは何をしていましたか。
2. 子供たちの顔がゆっくり見られないのはなぜですか。
3. この人は昨日はゆっくり昼食をとることができましたか。
4. どうして接待をしなければならないのですか。
5. この人は今、どんなところに住んでいますか。
6. どうしてこの人は社宅に住まないのですか。
7. どうして生活が楽ではないのですか。
8. この人が一番落ち着く時間はいつですか。
9. あなたは小さいとき、お父さんとゆっくり話す時間がありましたか。
10. 忙しいサラリーマンたちの楽しみは何だと思いますか。

Ⓐ 「～ように言う」という言い方を練習しましょう。

例: 医者にたばこをやめるように言われているが、なかなかやめられない。

1. 友達に＿＿＿＿＿ように言われているが、＿＿＿＿＿。
2. 妻に＿＿＿＿＿ように言われているが、＿＿＿＿＿。
3. 先生に＿＿＿＿＿ように言われているが、＿＿＿＿＿。
4. 両親に＿＿＿＿＿ように言われているので、＿＿＿＿＿。
5. 先輩に＿＿＿＿＿ように言われているので、＿＿＿＿＿。

Ⓑ 「～まい」という言い方を練習しましょう。

例: もう春だから、少し寒くなっても雪はふるまい。

1. 丈夫な人だから、＿＿＿＿＿ても＿＿＿＿＿まい。
2. 古い友達だから、＿＿＿＿＿ても＿＿＿＿＿まい。
3. こんなに客がいるのだから、＿＿＿＿＿ても＿＿＿＿＿まい。
4. ＿＿＿＿＿から、＿＿＿＿＿ても分かるまい。
5. ＿＿＿＿＿から、＿＿＿＿＿ても当たるまい。

Ⓒ 「～たところで」という言い方を練習しましょう。

例: どんなにがんばったところで、社長になれるわけではない。

1. どんなにさがしたところで、＿＿＿＿＿。
2. どんなにしかったところで、＿＿＿＿＿。

3. どんなにお金があったところで、＿＿＿＿＿。

4. どんなに＿＿＿＿＿たところで、分かるまい。

5. どんなに＿＿＿＿＿たところで、すぐにはできないだろう。

D 「〜と」という言い方を練習しましょう。

例: 早く花がさくようにと毎日水をやっている。

1. 少しでもやせられるようにと＿＿＿＿＿。

2. 体が丈夫になるようにと＿＿＿＿＿。

3. いつ帰ってくるかと＿＿＿＿＿。

4. ＿＿＿＿＿と宝くじを買っている。

5. ＿＿＿＿＿と我慢している。

まとめましょう

下線に言葉を入れて本文をまとめてください。

　　サラリーマンの一日は忙しい。朝早く家を出て、＿＿＿＿＿たりする。会社での仕事が終わってもそれで家に帰れるわけではない。＿＿＿＿＿。こんなに働くのは＿＿＿＿＿のためだ。

話しましょう

A 第16課を読んで、ある人が次のように言いました。あなたはどう思いますか。

　　「サラリーマンは面白くないという人が多いですが、私は定年まで楽しく生活しました。今年も、仕事で友達になったボブさんに招待されてアメリカへ行きます。サラリーマンには、暗い話をする人が多いですが、私のような人もおおぜいいます」

B あなたは大会社に勤めたいですか。小さくても自分の会社を経営したいですか。

書きましょう

A-1 ＿＿＿＿＿なら＿＿＿＿＿のだが、少しでも＿＿＿＿＿と思うと＿＿＿＿＿。

例: 広いところで子供を育てようと思うと、会社の近くの社宅に住めない

　　→ 通勤するだけなら社宅でよいのだが、少しでも広いところで子供を育てたい

　　と思うと会社から遠いところでも我慢しなければならない。

1. 安くていいものを買いたければ、デパートではだめだ　→

2. いい写真を撮りたいと思うと、ふつうのカメラでは撮れない　→

3. 難しいものを読みたいと思うと、今ある辞書だけではいけない　→

Ⓐ-2　＿＿＿＿＿＿は＿＿＿＿＿＿しかない。それなのに＿＿＿＿＿＿てしまうことが少なくない。

例: 子供の顔を見る時間 / 一週間に一度ぐらい
　　→ <u>子供の顔を見る時間は一週間に一度ぐらい</u>しかない。それなのに<u>その大事な休みの日も、会社のゴルフなどでなくなっ</u>てしまうことが少なくない。

1. 勉強できる時間 / 夕食のあと三時間　→

2. 歩く時間 / 一日五分ぐらい　→

3. 旅行をする機会 / 休みのとき　→

新しい言葉

～とおり	タイプ	分ける	性格
例の～	血液	意外(な)	人気
というのも	(あいさつ)代わり	一般	公
ルール	重んじる	何事も	慎重(な)
準備	行動する	傾向	性質
なぜ	神経質(な)	一目で	反映する
対照的(な)	縛る	自由奔放(な)	楽天的(な)
同僚	気まぐれ(な)	印象	与える
芸術家	実は	典型的(な)	リーダーシップ
仲間意識	事実	一見	のんき(な)
わがまま(な)	受け入れる	平気(な)	物事
客観的(な)	批評家	相性	冷静(な)
感情	はっきり	様々(な)	口にする
科学的(な)	根拠	いいかげん(な)	わずか(な)
分類する	職業	当てはめる	危険(な)
～上で	より(よい)	近道	

いっしょに考えましょう

1. あなたはどんな性格だと言われますか。
2. それが正しいと思いますか。
3. あなたの性格は子供のころと比べて変わりましたか。
4. 自分の性格の一番好きなところはどんなところですか。
5. 人の性格を知るのにはどんな方法があると思いますか。

「あなた何型?」

「A型」

「やっぱりね、思ったとおりだわ」

人の性格をA・B・O・ABの四つのタイプに分けて知ろうとする、例の血液型の話である。

これが意外に人気があって、多くの人に信じられている。私もその一人である。というのも、周りにいる人たちを考えてみると、確かにこれはよく当たっていると思うからである。私など初めて会った人にも、あいさつ代わりに「何型ですか」と聞いてしまう。

A型は一般に「秩序や 公 のルールを重んじ、人間関係を大切にし、何事も慎重に 準備をしてから行動する傾向がある」と言われている。私の知っているA型人間もたいていこのような性質で、なぜかやせていて神経質そうな人が多く、一目でそれと分かる。日本人にはこのタイプが一番多く、社会生活にもそれが反映されていると言われている。B型はA型とは対 照 的に、「秩序やルールに縛られることを嫌い、自由奔放で楽天的」。同 僚 のB型人間を見てみるとやはりこのとおりで声が大きく元気な人が多い。また自由奔放だが、それが時には気まぐれとなり、何を考えているのか分からないという印 象 を与える。芸術家に多いタイプと言えよう。O型はというと、実は私も典型的なO型なのだが、「リーダーシップがあり、仲間意識が強い」ということである。事実グループのリーダーになる人にはO型が多いようである。教師に

格 *血液 *代般 *公慎 *重 準備 傾 *向 神 反
*映 照 縛 奔 放 僚 印 象 与 芸 *典 *型 仲

92

もこの型が多いと言う。しかしほかの血液型の人から言わせると、O型は一見のんきそうだが、気が強くてわがままで、ほかの人の意見を受け入れられないのだそうだ。自分のことを考えてみると、それも事実のようだ。最後にAB型だが、「何が起こっても平気でいられ、物事の全体をまとめて客観的に考えることができる。批評家タイプが多い」そうである。私はあまりこの血液型の人との相性が良くない。いつも冷静で感情をはっきり表すことが少ないからである。

　血液型に対する意見は人によって様々である。私が血液型の話を口にすると、「科学的に何の根拠もない、いいかげんなことだ」とか、「人間をわずか四つのタイプに分類し、職業など何もかもその型に当てはめて考えるという傾向もあるが、それは危険だ」と言う人もいる。もちろん、人間は一人ひとり違うということは分かっているつもりである。だからよく付き合った上でその人を判断するようにしているが、私が初めて会った人にまでそれを聞くのは、そうすることが相手をよりよく知る近道になると思うからである。

観　批　評　＊性　＊冷　＊静　根　拠　危　険

次の質問に答えてください。

1. A型の人にはどんな傾向がありますか。
2. B型の人はなぜ何を考えているのか分からないと思われていますか。
3. O型の人のいいところはどんなところですか。
4. この人はどの血液型の人と合わないと言っていますか。
5. AB型はどんな人が多いのですか。
6. どうして血液型性格判断は人気があるのですか。
7. 血液型の話で気をつけなければならないのはどんなことですか。
8. この人がよく相手に血液型のことを聞くのはどうしてですか。
9. あなたの国は何型の人が多いですか。
10. あなたは血液型性格判断を信じますか。それはどうしてですか。

使いましょう

A 「～とおり～」という言い方を練習しましょう。

例： A： それ、5000円ぐらいですか。
　　 B： ええ、そのとおり、5000円です。よく分かりましたね。

1. A： 道はすぐに分かりましたか。
　　B： はい、あなたにもらった＿＿＿＿＿のとおりに来ましたから。
2. A： 今度のテストは難しかったですね。
　　B： ええ、やっぱり＿＿＿＿＿とおりでしたね。
3. A： 最近、子供たち悪くなったわね。
　　B： 大きくなると、親の＿＿＿＿＿とおりにはならないでしょう。
4. A： 今度のしあい、大丈夫でしょうか。
　　B： 心配しないでください。毎日＿＿＿＿＿とおりにやればいいんだから。
5. A： ちょっとからすぎますね。
　　B： そうですか。本に＿＿＿＿＿とおりに作ったんですが。

B 「～た上で～」という言い方を練習しましょう。

例： よく付き合った上で、その人を判断するようにしている。

1. 電話で約束をした上で、＿＿＿＿＿と思います。
2. みんなの意見を聞いた上で、＿＿＿＿＿た方がいいでしょう。
3. 両親と相談した上で、＿＿＿＿＿ことにします。
4. ＿＿＿＿＿上で、行くかどうか決めましょう。
5. ＿＿＿＿＿上で、どんな仕事を何時間ぐらいしてもらうかお話しします。

6. ＿＿＿＿＿上で、もう一度来てください。

7. この問題については、＿＿＿＿＿上でお返事します。

8. ＿＿＿＿＿上で、選んだらどうですか。

9. この家を買うことにしたのは、＿＿＿＿＿上でのことです。

10. ＿＿＿＿＿上で、＿＿＿＿＿たらやめてもいいです。

C 「〜によって」という言い方を練習しましょう。

例： 意見は人によって様々である。

1. 休みの過ごし方は人によって＿＿＿＿＿。

2. 習慣は国によって＿＿＿＿＿。

3. ＿＿＿＿＿は年齢によって＿＿＿＿＿。

4. ＿＿＿＿＿は時間によって＿＿＿＿＿。

5. ＿＿＿＿＿は場所によって＿＿＿＿＿たり、＿＿＿＿＿たりする。

／ まとめましょう ／

下線に言葉を入れて本文をまとめてください。

　　最近、血液型によって＿＿＿＿＿。それは＿＿＿＿＿かららしい。＿＿＿＿＿
という人もいるが、私が＿＿＿＿＿のは＿＿＿＿＿からである。

／ 話しましょう ／

A 第17課を読んで、ある人が次のように言いました。あなたはどう思いますか。

　　「血液型などを使って人間をいくつかのタイプに分ける人がいますが、人を判断するときには、そんなことでは何も判断できないと思います。その人が本当にどんな人かを知るためには、頭の中に何もない方がよいと思います」

B 相手の人がどんな人かを判断するとき、一番大切なことは何だと思いますか。

／ 書きましょう ／

A-1 日本人には＿＿＿＿＿という傾向があるが、それは＿＿＿＿＿と言う人もいる。

例： 人間を型に当てはめる
　　→日本人には人間を型に当てはめるという傾向があるが、それは危険だと言う
　　人もいる。

95

1.　何でもまじめに考えすぎる　→

2.　仕事は自分の生活より大切だと考える　→

3.　何でも高ければよいと考える　→

A-2　＿＿＿＿＿　が、一目でそれと分かるのは、＿＿＿＿＿＿からである。

例:　店の人はお客と服装が違うのですぐ分かる

　　　→店の人が、一目でそれと分かるのは、お客と服装が違うからである。

1.　先生は学生と話し方が違うのですぐ分かる　→

2.　ねだんの高いものは使われている材料が良いからすぐ分かる　→

3.　雪子さんが恋をしているのはほかの人と遊ばなくなったからすぐ分かる　→

B　＿＿＿＿＿傾向があるが、＿＿＿＿＿と考える人もいる。私もその一人である。
というのも＿＿＿＿＿と＿＿＿＿＿からである。

例:　女性が長い時間電話をかけるのはやめてほしいと考える人もいる

　　　→女性には長い時間電話をかけるという傾向があるが、やめてほしいと考える
人もいる。私もその一人である。というのも私が家に電話をすると、いつも電
話が使われているからである。

1.　新しい機械を何でも使いたがるのは良くないと考える人もいる　→

2.　学生が海外旅行に行きたがるのはあまり良くないことだと考える人もいる

　　　→

3.　はっきりものを言うのは間違っていると考える人もいる　→

新しい言葉

団らん	～べき	記事	目にする
リビングルーム	ダイニングルーム	別々	食後
家計簿	通じる	したがって	結び付き
現に	はやる	中心	場
作り出す	もっとも	光景	以前
とても～ない	当然	食卓	当時
こたつ	～にもかかわらず	柔らかい	語る
いっそう	和やか（な）	全員	シンボル
戦後	欧米	生活様式	個人
自立する	習慣	そこで	教育
せめて	個室	結果	～以外
経済	高度成長	～とともに	ばらばら
いわゆる	断絶	起きる	おそらく
反省	役割	果たす	登場する
ほのぼのと	暖める	替わる	

コミュニケーション

いっしょに考えましょう

1. あなたの家で、一番好きな場所はどこですか。
2. 家族の集まる部屋にはどんなものが置いてありますか。
3. 家族みんなが集まるのはどんなときですか。
4. 家族みんなで楽しむ趣味などがありますか。
5. 家族と一緒にいたくないと思うことがありますか。それはどんなときですか。

　最近、新聞や雑誌で、新しい家族の団らんはどうあるべきかという記事を目にすることが多い。それによると、今までのようにリビングルームとダイニングルームを別々にせず、リビングルームを広く取って、そこに大きなテーブルを置いて家族みんながそれを囲んで生活したらどうかというのである。食事はもちろん、食後もそこで父親は新聞を読み、母親はセーターを編んだり、家計簿をつけたりする。子供たちはそのそばで学校の宿題をするのだ。自然に会話も多くなり、気持ちも通じ合い、したがって家族の結び付きが強くなるというわけである。現に若い世代の間では大きなテーブルがはやっている。それを中心にして家族の集まる場を作り出そうというのである。

　もっとも、少し前の日本ではこんな光景はどこの家庭でもよく見られたものである。以前は、一般の家庭は家が狭く、一人一人が独立した部屋などはとても持てなかったので、多くの家庭が毎日の生活を二、三の部屋で済ませていた。当然食卓は、仕事机でも勉強机でもお客を迎える場でもあったのだ。当時はストーブなどなかったから、冬には「こたつ」が家族の集まる場になった。外の寒さにもかかわらず、「こたつ」の柔らかい暖かさが、そこに集まり語り合う家族の心をいっそう和やかにしてくれたものだ。一日の疲れは家族全員での団らんのうちに、いつの間にか消えていった。つまり食卓や「こたつ」が家族の結び付きのシンボルであったと言える。

　戦後、欧米の生活様式と考え方がたくさん入ってきて、それと同時

雑　誌　編　宿　＊結　＊光　景　卓　机　＊柔　暖　＊語　＊和
＊消　欧　＊米

98

に、日本人は個人として自立しなければならない、そのために子供のときから独立した部屋を与え、早くから何でも一人でやる習慣をつけることが必要だと言われるようになった。そこで親たちは子供の教育のために、自分は我慢してもせめて子供たちには個室を与えようとしてきた。ところがその結果、子供たちは食事のとき以外は部屋から出てこなくなってしまったのである。また経済の高度成長とともに親も忙しくなり、子供と一緒に食事をする時間もなくなってしまった。家族はばらばらになり、気持ちが通じ合わなくなるという、いわゆる「親子の断絶」が起きてきたのである。おそらくこんなことの反省から、こたつの役割を果たすものとして「リビングルームの大きなテーブル」が登場したのではないだろうか。ほのぼのと足の先から心の中まで暖めてくれる、「こたつ」に替わるコミュニケーションの場が求められているのである。

＊慣 果 絶 省 割 ＊果 登 替

次の質問に答えてください。

1. 最近、新聞や雑誌で目にするのはどんな記事ですか。
2. なぜ「リビングルームの大きなテーブル」がはやっているのですか。
3. 大きなテーブルを囲んで家族はどんなことをしますか。
4. 以前の日本でよく見られた光景とはどんな光景ですか。
5. 以前一般の家庭ではどのように部屋を使っていましたか。
6. 以前食卓はどのように使われていましたか。
7. 食卓やこたつが家族の結び付きのシンボルだと言えるのはなぜですか。
8. 戦後の日本では、親たちはなぜ子供に個室を与えたのですか。
9. あなたの国でも「親子の断絶」という問題が起こっていますか。
10. あなたの家ではどのようにしてコミュニケーションの機会を作っていますか。

A 「〜べき」という言い方を練習しましょう。

例: A: これからの若者はどうあるべきだと思いますか。
　　 B: そうですね。勉強はもちろん、趣味をたくさん持つべきでしょうね。

1. A: これからの若者はどうあるべきだと思いますか。
　　 B: ＿＿＿＿＿＿ばかり考えないで＿＿＿＿＿＿べきだと思います。
2. A: 定年後のサラリーマンはどのようにしたら生きがいが持てるのでしょうか。
　　 B: ＿＿＿＿＿＿ながら、＿＿＿＿＿＿べきだと思います。
3. A: 現代の女性はどう生きるべきだと思いますか。
　　 B: ＿＿＿＿＿＿のことも考えて、＿＿＿＿＿＿べきですね。
4. A: 日本はしょうらい外国に対して何をするべきだと思いますか。
　　 B: ＿＿＿＿＿＿だけではなく、＿＿＿＿＿＿べきでしょう。
5. A: 親子の断絶が起こらないように何をしなければならないと思いますか。
　　 B: ＿＿＿＿＿＿が大切ですから、＿＿＿＿＿＿べきではないでしょうか。

B 「(V 意向形)というのである」という言い方を練習しましょう。

例: 父が料理の本を買ってきた。定年後のために何か趣味を持とうというのである。

1. 大きなテーブルを買った。＿＿＿＿＿＿というのである。
2. 宝くじを20枚買った。宝くじを当てて、＿＿＿＿＿＿というのである。
3. 彼は一生懸命に日本語を勉強している。＿＿＿＿＿＿というのである。

4. 日本の会社では、一年に一回社員旅行がある。みんなで旅行をして、＿＿＿＿＿ ＿＿というのである。

5. 海の上に新しい空港ができた。海の上に作って、＿＿＿＿＿＿＿というのである。

C 「とても V－(可能形)ない」という言い方を練習しましょう。

例: 歯が痛くて、ごはんはとても食べられなかったので、コーヒーで済ませた。

1. おなかが痛くてとても歩けなかったので、＿＿＿＿＿＿＿。
2. 怖くてとても本当のことは言えなかったので、＿＿＿＿＿＿＿。
3. 忙しくて、パーティーへはとても＿＿＿＿＿＿＿ので、＿＿＿＿＿＿＿。
4. あの人のことが今でも好きで、とても＿＿＿＿＿＿＿ので、＿＿＿＿＿＿＿。
5. せっかく図書館で借りてきた本だったが、とても＿＿＿＿＿＿＿ので、＿＿＿＿＿＿＿。

D 「～にもかかわらず」という言い方を練習しましょう。

例: 外の寒さにもかかわらず、こたつの暖かさは心を和やかにする。

1. 経済的豊かさにもかかわらず、＿＿＿＿＿＿＿。
2. 重い病気である(の)にもかかわらず、＿＿＿＿＿＿＿。
3. 目が不自由である(の)にもかかわらず、＿＿＿＿＿＿＿。
4. 気をつけていた(の)にもかかわらず、＿＿＿＿＿＿＿。
5. 約束をした(の)にもかかわらず、＿＿＿＿＿＿＿。

E 「せめて」という言い方を練習しましょう。

例: 自分は我慢しても、せめて子供たちには個室を与えようとしてきた。

1. いくら小さなアパートでも、せめて＿＿＿＿＿＿＿。
2. 大学に入るためには、せめて＿＿＿＿＿＿＿。
3. いくら一人でいるのが好きだといっても、せめて＿＿＿＿＿＿＿。
4. 山の上がこんなに寒いとは思っていませんでした。せめて＿＿＿＿＿＿＿。
5. 忙しいのはよく分かりますが、せめて＿＿＿＿＿＿＿。

＼ まとめましょう ／

下線に言葉を入れて本文をまとめてください。

　　最近、＿＿＿＿＿＿＿がはやっている。また新聞や雑誌でも＿＿＿＿＿＿＿についての記事をよく＿＿＿＿＿＿＿。昔の日本では＿＿＿＿＿＿＿(や)＿＿＿＿＿＿＿が＿＿＿＿＿＿＿で、家族は自然に＿＿＿＿＿＿＿。しかし戦後、親たちは＿＿＿＿＿＿＿させるために＿＿＿＿＿＿＿。その結果、＿＿＿＿＿＿＿が起きてきたのである。そこで＿＿＿＿＿＿＿のである。

A 第18課を読んで、ある人が次のように言いました。あなたはどう思いますか。

　「大きなテーブルを買ってそこにみんなが集まったら、『親子の断絶』がなくなるのでしょうか。人の考え方が変わってきたのだからコミュニケーションの場を作ったとしても、問題は残ると思います」

B 家族の結び付きが弱くなったと感じたとき、どうすればいいと思いますか。

書きましょう

A ＿＿＿＿＿＿は＿＿＿＿＿＿うとした。ところが＿＿＿＿＿＿結果、＿＿＿＿＿＿なってしまった。

　例: 親は子供たちに個室を与えた

　　　→親は自分は我慢してもせめて子供には個室を与えようとした。ところが個室を与えた結果、子供たちは食事のとき以外は部屋から出てこなくなってしまった。

　1. 親がお金を出し、子供たちを大学へ行かせた　→

　2. 親は子供にピアノを習わせた　→

　3. いろいろな経験をした方がいいので、子供には何でも自由にさせた　→

B ＿＿＿＿＿＿結果、＿＿＿＿＿＿てしまった。＿＿＿＿＿＿という、いわゆる＿＿＿＿＿＿きたのである。

　例: 個室を与えた /「親子の断絶」が起きる

　　　→子供たちに個室を与えた結果、子供たちは食事のとき以外は部屋から出てこなくなってしまった。家族はばらばらになり、気持ちが通じ合わなくなるという、いわゆる「親子の断絶」が起きてきたのである。

　1. 経済が成長した /「働きバチ」が増える　→

　2. 車が増えすぎた /「交通戦争」が起きる　→

　3. 家の仕事に時間がかからなくなった /「教育ママ」が増える　→

新しい言葉

職場 しょくば	市役所 しやくしょ	(15分)ばかり	官舎 かんしゃ
必ず かなら	よほど	～限り かぎ	退職する たいしょく
夕暮れ ゆうぐ	(汗)まみれ あせ	ふく	庭いじり にわ
夕飯 ゆうはん	(こんな)ふう	抜く ぬ	土 つち
お互い たが	ニッコリ	うなずく	ようやく
生き返る い　かえ	それとも	乾く かわ	(乾き)切る かわ
ゴクゴクと	(どちら)にしても	夕涼み ゆうすず	～がてら
花火 はなび	機嫌 きげん	あるいは	仲良く なかよ
礼 れい	線香花火 せんこうはなび	打ち上げ花火 う　あ　はなび	通りがかり とお
ゆったりと	腰掛ける こしか	うちわ	洗面器 せんめんき
そっと	見つめる み	辺り あた	一瞬 いっしゅん
暗やみ くら	眺める なが	～つつ	

いっしょに考えましょう

1. 「お父さん」という言葉を聞いて、どんなことを思い出しますか。
2. 子供のとき、お父さんとどんなことをしましたか。
3. お父さんがいつも言っていた言葉を覚えていますか。それはどんな言葉ですか。
4. 次のものに何か思い出がありますか。
   夏の夕方にふってくる雨
   昔住んでいた町
   昔の恋人
5. 夏というきせつについて、思い出すことがありますか。

　自転車で通える職場など今ではほとんど考えられないが、当時、市役所に勤めていた父は、自転車で 15 分ばかりの所に官舎を与えられており、毎日まるで時計ででも計ったように 5 時半には必ず家へ帰ってきた。どんなに暑くてもどんなに寒くても、よほどのことがない限りこれは定年で退職するまで変わらなかった。

　父のことを思い出すと、決まって思い出すにおいがある。昼のにおいである。正確には夏の夕暮れのにおいとでも呼ぶべきだが、私にとってその懐かしいにおいは「昼のにおい」であった。

　夏の夕暮れ、父は汗まみれになって帰ってくると、汗もふかずに私と兄を大声で呼んだ。庭いじりがたった一つの趣味だった父が、夕飯までの時間、私と兄を庭へ呼んで、その手伝いをさせるのである。「こことそこはこんなふうに、あそこは」と父の言うままに、草を抜き土を運んでいた私と兄は、「ご飯ができましたよ」と言う母の声を聞くと、お互いの顔を見てニッコリうなずき合ったものである。「じゃあ最後に水をやって、それから手を洗って食事にしよう」と、ようやく父の手伝いが終わるからである。

　昼のにおいがするのは、そのときである。あれは、一日中強い日に焼かれた草木が、水を与えられて生き返るときに出すにおいだったのだろうか。それとも、乾き切った土がゴクゴクとのどを鳴らしながら水を飲むときに出すにおいだったのだろうか。どちらにしても、忘れられない、うれしいにおいであった。

　「夕涼みがてら、花火でもしようか」機嫌のいい日の父は、そう言っ

　　官 ＊舎 ＊必 限 ＊暮 汗 ＊土 ＊運 ＊洗 乾 涼 ＊嫌

て、兄と私を庭へ連れ出した。あるいは仲良く庭仕事を手伝った子供た
ちに礼をするつもりもあったのかもしれない。もっとも、花火といって
も線香花火である。昔のことだから、今のように空高く上がる打ち上げ
花火や、通りがかりの人を驚かせるほど大きな音を出すものはない。そ
れでも危ないからと言って火をつけるのは、父の仕事だった。ゆったり
といすに腰掛け、うちわを使いながら夕涼みをしている父の所へ、私た
ちは一本一本花火を持って行き、火をつけてもらうのである。それを、
これも危ないからと言って母が準備してくれた水の入った洗面器の所ま
でそっと運んで行って、どちらが長く火の花が咲かせられるか、兄と競
争するのである。

　「これが、最後」父がそう言って火をつけてくれた一本が消えてしま
うと、それまで火の玉をじいっと見つめていた目には、辺りが一瞬暗
やみになってしまう。

　昼のにおいが、このときもう一度する。今度は少し寂しいにおいであ
る。子供の時間が終わるにおいである。

　父が亡くなって10年。大きな声を上げて、楽しそうに花火をしてい
る子供たちを眺めつつ、懐かしい昼のにおいとともに今日も父のことを
思い出している。

香　*危　腰　掛　*面　咲　辺　瞬　眺

105

次の質問に答えてください。

1. 父はどうして自転車で役所に通っていたのですか。
2. 父を思い出すとき、何を思い出しますか。
3. 父は夏の夕暮れに、子供たちに何をさせましたか。
4. なぜ母の一言が子供たちをにっこりさせたのですか。
5. いつ昼のにおいがしましたか。
6. なぜ父は夕方に花火をしてくれたのですか。
7. どうして子供たちは自分で花火に火をつけなかったのですか。
8. この人は楽しそうに花火をする子供たちを見ながら、どんなことを思っていますか。
9. あなたは夏の夕暮れにどんなことをしましたか。
10. あなたのお父さんを思い出すとき、どんなにおいを思い出しますか。

使いましょう

A 「〜限り」という言い方を練習しましょう。

例： A： 毎日5時半に帰るのですか。
　　　B： はい、よほどのことがない限り、そうします。

1. A： この川の水は飲んでも大丈夫ですか。
　　B： ＿＿＿＿＿限り、飲まない方がいいと思います。

2. A： 飛行機は安全でしょうか。
　　B： ＿＿＿＿＿限り、安全です。

3. A： いつになったら戦争がなくなるんでしょうか。
　　B： ＿＿＿＿＿限り、なくならないでしょう。

4. A： だれでも医者の仕事をすることができますか。
　　B： ＿＿＿＿＿限り、できません。

5. A： 家で薬を飲んで休んでいれば、なおるでしょうか。
　　B： 休んでいても＿＿＿＿＿限り、なおりません。

B 「どちらにしても」という言い方を練習しましょう。

例： A： あなたはいつ行きますか。土曜日ですか、それとも日曜日ですか。
　　　B： どちらにしても私は行けないと思います。

1. A： 旅行は飛行機にしますか、それとも船にしますか。
　　B： どちらにしても＿＿＿＿＿。

2. A： 今度の選挙では、田中さんにしますか、それとも山川さんにしますか。

   B: どちらにしても＿＿＿＿＿＿＿＿。
 3. A: ＿＿＿＿＿＿＿＿、それとも＿＿＿＿＿＿＿＿。
   B: どちらにしても一度会ってよく話し合う必要があります。
 4. A: ＿＿＿＿＿＿＿＿、それとも＿＿＿＿＿＿＿＿。
   B: どちらにしてもお知らせします。
 5. A: ＿＿＿＿＿＿＿＿、それとも＿＿＿＿＿＿＿＿。
   B: どちらにしても＿＿＿＿＿＿＿＿。

C 「もっとも、〜といっても」という言い方を練習しましょう。

 例:「花火をしました。もっとも花火といっても線香花火ですが。」

 1. 「旅行に行きます。もっとも＿＿＿＿＿＿＿＿といっても＿＿＿＿＿＿＿＿。」
 2. 「大統領に会ったんです。もっとも＿＿＿＿＿＿＿＿といっても＿＿＿＿＿＿＿＿。」
 3. 「家を買ったんです。もっとも＿＿＿＿＿＿＿＿といっても＿＿＿＿＿＿＿＿。」
 4. 「宝くじに当たったんです。もっとも＿＿＿＿＿＿＿＿といっても＿＿＿＿＿＿＿＿。」
 5. 「毎日家族団らんの時間を持つようにしています。もっとも＿＿＿＿＿＿＿＿といっても＿＿＿＿＿＿＿＿。」

D 「〜ふう」という言い方を練習しましょう。

 例:「ここは、こんなふうにしてください。」
   分かったというふうに、彼女はニッコリうなずいた。

 1. 「よく見てください。こんなふうにすれば＿＿＿＿＿＿＿＿。」
 2. 「お上手ですね。どんなふうにすれば＿＿＿＿＿＿＿＿。」
 3. 二度と顔も見たくないというふうな様子で＿＿＿＿＿＿＿＿。
 4. ＿＿＿＿＿＿＿＿というふうに声を上げて笑いました。
 5. ＿＿＿＿＿＿＿＿というふうに席を立ちました。

まとめましょう

下線に言葉を入れて本文をまとめてください。

　　市役所に勤めていた父は毎日同じ時間に戻ってきた。夏の夕暮れには＿＿＿＿＿＿＿＿。母の声がすると＿＿＿＿＿＿＿＿そのとき＿＿＿＿＿＿＿＿。父の機嫌がいい日には＿＿＿＿＿＿＿＿。私と兄は＿＿＿＿＿＿＿＿。父が「これが、最後」と言って＿＿＿＿＿＿＿＿と、このとき＿＿＿＿＿＿＿＿。

　　父が亡くなって10年になるが、＿＿＿＿＿＿＿＿。

Ⓐ 第 19 課を読んで、ある人が次のように言いました。あなたはどう思いますか。

　　「この 19 課を読んで、『昔は良かった』と言われているような感じがしました。時代が変われば人も変わります。新しい世代の思い出も、変わるでしょう。思い出も大切ですが、私はしょうらいのことを考えたり、話したりしたいです」

Ⓑ 何か、忘れられない思い出を一つ話してください。

書きましょう

Ⓐ-1　どんなに_____ても、よほどのことがない限り_____。

　例：この習慣は定年まで変わらなかった
　　　→ どんなに暑くても、どんなに寒くても、よほどのことがない限り、この習慣は定年まで変わらなかった。

　　1.　人をなぐらない　→

　　2.　自分の意見を変えない　→

　　3.　一週間に一回は両親に手紙を書く　→

Ⓐ-2　「_____がてら_____うか」と言って、_____は_____を_____。もっとも_____といっても_____。

　例：夕涼み / 花火をする
　　　→「夕涼みがてら花火でもしようか」と言って、父は兄と私を連れ出した。もっとも花火といっても大きな音を出すものではなく線香花火である。

　　1.　散歩 / 手紙を出しに行く　→

　　2.　花見 / おばさんの家に行く　→

　　3.　運動 / 買い物に行く　→

第20課

新しい言葉

通信	進歩	伴う	マスコミ
目覚ましい	発展	遂げる	取って代わる
今や	王様	普及	技術的(な)
発達	日常	いながらにして	出来事
間をおく	耳にする	劇的(な)	瞬間
目の当たりにする	あたかも	(自分)自身	映す
怒る	悲しむ	胸	映像
おかげ	刻々と	クイズ	見知らぬ
話題	感動する	無関心(な)	～同士
親しい	～を通して	共通	体験
万人	可能(な)	存在	とんでもない
～かねない	報道	暴力	事件
あらかじめ	計画する	手を加える	載せる
携わる	道理	反応	部分
切り取る	画面	作品	とはいえ
使命	今後	娯楽	学習
ますます	重要(な)	生かす	点
受け手	すなわち	立場	多様(な)
(多様)化する	～だけに	内容	適切(な)
見守る	責任		

いっしょに考えましょう

1. あなたはテレビが好きですか。
2. 毎日、どのぐらいテレビを見ますか。どんな番組をよく見ますか。
3. テレビで見たり聞いたりしたことについて友達と話しますか。
4. どんなとき、テレビは役に立つと思いますか。
5. 最近、テレビでどんなニュースを見ましたか。

　通信技術の進歩に伴って、マスコミは目覚ましい発展を遂げてきた。その中でもテレビは新聞に取って代わり、今やマスコミの王様である。そのテレビの普及と技術的発達は、私たちの日常生活に大きな影響を与えている。だれもがいながらにして世界のあちらこちらの出来事を同時に、あるいはほとんど間をおかずに目にし、耳にできる時代となっているのである。歴史の1ページを飾るような劇的な瞬間を目の当たりにし、あたかも自分自身がその場所にいるかのように感じられるのだ。目の前に映し出される人々と一緒になって喜び、怒り、悲しみ、胸を熱くすることができるのはテレビの映像のおかげであろう。刻々と知らされるニュースだけでなく、音楽やスポーツやクイズ番組、見知らぬ土地の紹介などは私たちに多くの話題を与えてくれる。同じ番組を見て、同じように笑い、同じように驚いたり感動したりしたのだということが分かると、それまで互いに無関心だった人同士が親しく話し始めることさえある。テレビを通して共通の体験を持ったということなのかもしれない。

　しかし一方では、この万人共通体験を可能にするテレビの存在は、ひとつ間違うととんでもないことになりかねない。以前に、報道番組で暴力事件をあらかじめ計画しておき、それをニュースとして報道したという事件が起こった。また、新聞でも人の手を加えた写真を報道写真として載せたことがあった。もちろん報道に携わる者がそんなことをし

伴　遂　王　普　及　*達　常　歴　史　劇　*目　*怒　悲　胸　*熱
像　刻　*組　*親　共　*万　可　存　在　暴　件　*画　加　載
携

てよい道理がない。しかし面白いことに、そういった事件に対する人々の反応（はんのう）は意外に冷静なものだったのである。ある部分を切り取って見せるテレビの画面や写真は事実そのままでなく、どうしても与える側の作品となってしまうということが、報道側だけでなく、与えられる側にも分かっていたのである。

　とはいえ、テレビの使命（しめい）は今後も報道、娯楽（ごらく）、学習などの世界を通して、ますます重要になるであろう。このテレビを生（い）かせるかどうかという点では、受け手の側の果たす役割もまた重要である。すなわち「与えられる」立場（たちば）から「求める」立場に変わっていくのである。これからテレビはますます多様化（たようか）していくと思われるだけに、その内容（ないよう）が適切（てきせつ）なものになるように見守っていく責任（せきにん）があるということである。

応　*使　娯　*生　点　*立　*多　容　適　責　任

次の質問に答えてください。

1. マスコミの目覚ましい発展の結果、テレビと新聞はどんな関係になりましたか。
2. テレビがあると、どのようなものを目の当たりにすることができますか。
3. そのほかにどんなものを見ることができますか。
4. 「テレビを通して共通の体験を持つ」というのはどんなことですか。
5. テレビの報道番組で、どんな事件が起こりましたか。
6. 新聞では、どんな報道写真が問題になりましたか。
7. その報道を見た人たちはどう思いましたか。
8. 報道に携わる者がしてはならないこととはどんなことですか。
9. テレビは人々にどんな影響を与えていますか。
10. 新聞とテレビはどこが違いますか。

Ⓐ 「〜ことに」という言い方を練習しましょう。

例: 面白いことに、その事件に対する人々の反応は意外に冷静だったのである。

1. 残念なことに、その計画に対する社長の反応は意外に＿＿＿＿＿。
2. うれしいことに、＿＿＿＿＿に対する人々の反応は意外によいものだった。
3. 不思議なことに、＿＿＿＿＿に対する若い人の態度は意外に＿＿＿＿＿。
4. 驚いたことに、＿＿＿＿＿に対するマスコミの報道は意外に＿＿＿＿＿。
5. 残念なことに、＿＿＿＿＿に対する＿＿＿＿＿は意外に＿＿＿＿＿。

Ⓑ 「〜を通して」という言い方を練習しましょう。

例: 外国の友達を通して、他の世界を知った。

1. 言葉の勉強を通して、＿＿＿＿＿。
2. 歌を通して、＿＿＿＿＿。
3. 先輩を通して、＿＿＿＿＿。
4. ＿＿＿＿＿を通して、自分の考えを伝えた。
5. ＿＿＿＿＿を通して、若者の生活を知った。

Ⓒ 「あたかも〜かのように」という言い方を練習しましょう。

例: あたかも自分自身がその場所にいるかのように感じる。

1. ここにいると、あたかも＿＿＿＿＿にいるかのように感じる。

2. 美術館で、古い美術品に囲まれていると、あたかも自分が＿＿＿＿＿＿＿かのような気がしてくる。

3. 彼と話していると、あたかも＿＿＿＿＿＿＿かのような気がする。

4. あの二人はまだ結婚もしていないのに、あたかも＿＿＿＿＿＿＿かのように＿＿＿＿＿＿。

5. 彼女はあたかも＿＿＿＿＿＿＿かのように話す。

D 「～とはいえ」という言い方を練習しましょう。

例: テレビには問題も多いとはいえ、その使命は今後ますます重要になるだろう。

1. 退院したとはいえ、＿＿＿＿＿＿＿。

2. 二十歳になったとはいえ、＿＿＿＿＿＿＿。

3. 家を買ったとはいえ、＿＿＿＿＿＿＿。

4. ＿＿＿＿＿＿＿とはいえ、まだ寒い。

5. ＿＿＿＿＿＿＿とはいえ、寂しいときもある。

E 「～だけに」という言い方を練習しましょう。

例: テレビはますます多様化していくと思われるだけに、その内容を見守る責任がある。

1. ＿＿＿＿＿＿＿だけに、できたときはとてもうれしかった。

2. ＿＿＿＿＿＿＿だけに、＿＿＿＿＿＿＿ときは心から残念に思った。

3. ＿＿＿＿＿＿＿だけに、＿＿＿＿＿＿＿ときは本当に驚いてしまった。

4. 家族みんなが集まったのはひさしぶりだっただけに、＿＿＿＿＿＿＿。

5. 長い間待っていただけに、＿＿＿＿＿＿＿。

まとめましょう

下線に言葉を入れて本文をまとめてください。

　　テレビの普及と技術的発達は＿＿＿＿＿＿＿。テレビを見ることによって＿＿＿＿＿＿さえある。しかし、マスコミの報道がいつも＿＿＿＿＿＿＿とは限らず、＿＿＿＿＿＿。今後テレビを生かして使うためには＿＿＿＿＿＿＿。

話しましょう

A 第20課を読んで、ある人が次のように言いました。あなたはどう思いますか。

　　「テレビなんて気持ちをちょっと変えるための道具なんだから、そんなに『適切な番組』とか『役に立つもの』とか『良い使い方』なんて考える必要はないで

しょう。ストレス解消のために楽しく見れば、それで十分ですよ」

B　どんなテレビ番組が必要で、どんなテレビ番組はなくてもよいと思いますか。

書きましょう

A-1　＿＿＿＿＿＿＿ということが分かると、それまで互いに＿＿＿＿＿＿＿人同士が＿＿＿＿
　　＿＿＿ことさえある。

　例：同じ番組を見た / 無関心だった
　　　→同じ番組を見たということが分かると、それまで互いに無関心だった人同士
　　　が親しく話し始めることさえある。

　　1.　同じ学校を卒業した / 敬語を使って話していた　→
　　2.　生まれたところが近い / 名前も知らなかった　→
　　3.　考え方が違う / パーティーに呼んだり呼ばれたりした　→

A-2　＿＿＿＿＿＿＿を可能にする＿＿＿＿＿＿＿も、＿＿＿＿＿＿＿かねない。

　例：テレビ / ひとつ間違うととんでもないことになる
　　　→万人共通体験を可能にするテレビも、ひとつ間違うととんでもないことにな
　　　りかねない。

　　1.　コンピューター / ちょっとした間違いで危険になる　→
　　2.　飛行機 / 小さなことから大きな事故になる　→
　　3.　ロボット / 使い方によっては危険なものになる　→

第 21 課

新しい言葉

環境 かんきょう	参加する さんか	国際的（な） こくさいてき	～以来 いらい
定期的（な） ていきてき	効果 こうか	破壊 はかい	進む すす
早急（な） さっきゅう	手を打つ て う	人類 じんるい	深刻（な） しんこく
抱える かか	砂漠 さばく	～ずつ	非常（な） ひじょう
広がる ひろ	急速（な） きゅうそく	砂 すな	埋もれる う
湖 みずうみ	農作物 のうさくぶつ	家畜 かちく	引き起こす ひ お
ほかでもない	量 りょう	芽 め	比べものにならない くら
森林 しんりん	地表 ちひょう	川底 かわぞこ	たまる
浅い あさ	洪水 こうずい	取り巻く と ま	二酸化炭素 にさんかたんそ
フロンガス	排気ガス はいき	汚す よご	つながる
酸性雨 さんせいう	生み出す う だ	枯れる か	そのもの
都合 つごう	進める すす	エネルギー	消費する しょうひ
増加 ぞうか	切り倒す き たお	もたらす	明らか（な） あき
（～に）関する かん	開催する かいさい	対策 たいさく	解決 かいけつ
どんどん	拡大する かくだい	手遅れ ておく	次第 しだい

（場所の名前）　スウェーデン　ストックホルム　アフリカ　アジア

いっしょに考えましょう

1. 木は人間の生活にどのように役に立っていますか。
2. 木がなくなれば自然はどのような影響を受けますか。
3. それが私たちにどう影響しますか。
4. 海や川の水が汚れると私たちの生活にどう影響しますか。また、空気が汚れるとどんな影響がありますか。
5. 現在、私たちは自然を守るためにどんなことをしていますか。

115

　1972年、スウェーデンのストックホルムで世界で初めて「国際人間環境会議」が開かれ、多くの国が参加して、地球の自然を守るために国際的に協力しようという話し合いが行われた。それ以来、国際会議は定期的に開かれているが、効果はなく、地球の自然破壊は進む一方である。早急に手を打たなければならない。人類は深刻な問題を抱えているのである。

　例えば、アフリカでは砂漠が一日に15メートルずつという非常な速さで広がっているという。3000年もの間、緑豊かな美しい土地だった所が、1970年ごろから始まった急速な砂漠化で、今ではすっかり砂に埋もれてしまっている。湖も池も消え、農作物はもちろん家畜のえさになる草も育たない。この砂漠化を引き起こしたのはほかでもない、私たち人間である。人が木を切り家畜に草を食べさせる速さと量は、草木が自然に芽を出し育つ速さと量とは比べものにならない。

　アジアの国々でも、人が木を切り、森林を破壊するということによって、自然環境の変化が起きている。緑のなくなった土地では少しでも雨が降ると、地表の土が流されて川底にたまり川を浅くする。その結果、毎年大洪水が起こるのである。

　また地球を取り巻く空気の問題も無視できない。人々の生活から出される二酸化炭素やフロンガスは気温を上げる。車や工場から出される排気ガスは空気を汚し、その汚れた空気も自然破壊につながっている。恐

環境　参　*加　期　効　破　*壊　*進　*早　深　抱　砂　漠
*速　緑　*砂　埋　湖　農　畜　量　芽　*森　降　底　浅　洪　*水
巻　酸　炭　素　排　汚

ろしい酸性雨が生み出され、木々や農作物は枯れ、土地そのものも破壊されてしまうのである。酸性雨に汚された川や湖では魚が生きられない。魚も植物も生きられない地球では人間も生きられないはずである。人間は自分たちの都合ばかりを考えて、地球を自分たちが住めない場所に変えてしまっているのだ。生活が少しでも便利になるようにと工業化を進められるだけ進め、地球の緑をエネルギーに変えて消費し続けてきた国々もあれば、人口増加に伴って人々の生活のために木々を切り倒してきた国もある。このどちらもが自然破壊をもたらしたことは明らかである。

　地球の環境問題に関する国際会議があちらこちらで開催され、新聞やテレビでもそのニュースが報道されている。今何か対策を立てて解決を急がなければ、環境破壊はどんどん拡大し、手遅れになってしまう。この大切な地球を守って、住みよい場所にできるかどうかは私たち次第なのである。

＊雨　枯　＊都　＊合　＊増　倒　＊明　催　策　拡　＊次　第

次の質問に答えてください。

1. 国際人間環境会議では、どのようなことが話し合われましたか。
2. 現在アフリカでは、どのぐらいの速さで砂漠が広がっていますか。
3. 急激な砂漠化が始まったのはいつごろからですか。
4. この砂漠化を引き起こしたのは何ですか。
5. 酸性雨を生み出すものは何ですか。
6. それが降ると、どんなことが起きますか。
7. 何が、自然破壊をもたらしたのですか。
8. これを書いた人は、私たちは今何をしなければならないと言っていますか。
9. あなたの国では、環境破壊の影響はどんなところに現れていますか。
10. それについて、何か対策を立てましたか。

使いましょう

Ⓐ 「～する一方」という言い方を練習しましょう。

例: 環境破壊は進む一方です。

1. これから勉強は＿＿＿＿＿一方です。
2. もう 11 月です。これからは＿＿＿＿＿一方です。
3. マスコミの役割は＿＿＿＿＿一方です。
4. 何か対策を立てなければ、空気は＿＿＿＿＿一方です。
5. 努力しなければ、＿＿＿＿＿は＿＿＿＿＿一方です。

Ⓑ 「～ずつ」という言い方を練習しましょう。

例: 1 か月に 1 さつずつ本を読めば 1 年で 12 さつ読めます。

1. 1 日に＿＿＿＿＿ずつ＿＿＿＿＿ば、1 か月で＿＿＿＿＿。
2. 1 ページに＿＿＿＿＿ずつ書けば、全部で＿＿＿＿＿。
3. 1 回に＿＿＿＿＿ずつ運べば、全部で＿＿＿＿＿。
4. 1 日に＿＿＿＿＿ずつ＿＿＿＿＿ても、1 週間で＿＿＿＿＿。
5. 1 年に＿＿＿＿＿ずつ＿＿＿＿＿ても、10 年で＿＿＿＿＿。

Ⓒ 「比べものにならない」という言い方を練習しましょう。

例: 速さという点では飛行機は船とは比べものにならない。

1. 食べる量という点では＿＿＿＿＿は＿＿＿＿＿とは比べものにならない。
2. 新しさという点では＿＿＿＿＿は＿＿＿＿＿とは比べものにならない。

3. 変化の速さという点では＿＿＿＿＿は＿＿＿＿＿とは比べものにならない。

4. 大切さという点では＿＿＿＿＿は＿＿＿＿＿とは比べものにならない。

5. ＿＿＿＿＿という点では学生は教師とは比べものにならない。

D 「〜次第」という言い方を練習しましょう。

例： 上手にできるかどうかは、練習次第です。

1. ＿＿＿＿＿かどうかは、あしたのお天気次第です。

2. ＿＿＿＿＿かどうかは、あなたの努力次第です。

3. ＿＿＿＿＿かどうかは、あなた次第です。

4. 海外旅行へ行けるかどうかは、＿＿＿＿＿次第です。

5. ＿＿＿＿＿かどうかは、＿＿＿＿＿次第です。

/ まとめましょう /

下線に言葉を入れて本文をまとめてください。

人間は＿＿＿＿＿を＿＿＿＿＿によって＿＿＿＿＿を進めてきた。その結果＿＿＿＿＿。また、＿＿＿＿＿。今何か＿＿＿＿＿なければ＿＿＿＿＿てしまう。そこで＿＿＿＿＿ために国際的な会議が開かれている。

/ 話しましょう /

A 第21課を読んで、ある人が次のように言いました。あなたはどう思いますか。

「経済の発展が遅れている国では、少しでも早くほかの国と同じような生活をするために工業化を進めなければなりません。そのためには環境が少しぐらい悪くなるのはしかたがないと思います」

B 国際的な協力をしなければ、解決できないような環境問題の例をあげてください。

/ 書きましょう /

A-1 ＿＿＿＿＿だけ＿＿＿＿＿、その結果＿＿＿＿＿のはほかでもない＿＿＿＿＿自身である。

例： 工業化 / 酸性雨 / 人間
→ 工業化を進められるだけ進め、その結果恐ろしい酸性雨を生み出したのは、ほかでもない人間自身である。

1. 工場 / 環境破壊 / 私たち　→

119

2.　土地の開発 / 自然破壊 / 人間　→

3.　情報 / 困る / 情報を集めた人　→

A-2　＿＿＿＿＿に伴って、＿＿＿＿＿てきた。これが＿＿＿＿＿は明らかである。

　例：人口が増加すれば、人々は木を切り倒して生活の場を求める
　　　→人口増加に伴って、人々は木を切り倒して生活の場を求めてきた。これが自然破壊につながったことは明らかである。

　1.　工業化が進めば、エネルギー消費が増加する　→

　2.　人口が増えれば、家も必要になる→

　3.　国際会議が開催されれば、環境問題に関する対策が立てられる　→

B　＿＿＿＿＿に伴って、＿＿＿＿＿は、＿＿＿＿＿だけ＿＿＿＿＿てきたが、これが＿＿＿＿＿を引き起こしたことは明らかで、その結果＿＿＿＿＿ているのは＿＿＿＿＿である。

　例：人口が増えてきたので、どんどん土地の開発を続けてきた
　　　→人口増加に伴って、私たちは、土地の開発をできるだけ進めてきたが、これが自然破壊を引き起こしたことは明らかで、その結果困っているのは私たち自身である。

　1.　工業が発展してきて、自動車会社はどんどん車を作った　→

　2.　経済が発展してきて、人々は朝早くから夜遅くまで働いた　→

　3.　生活にゆとりが出てきて、親は子供に何でも与えた　→

新しい言葉

けたたましい	寝（ね）ぼけ眼（まなこ）	目覚（めざ）める	太極拳（たいきょくけん）
朝市（あさいち）	あふれる	さすが	第（だい）（一（いち））
商業（しょうぎょう）	都市（とし）	わき上（あ）がる	けん騒（そう）
揺（ゆ）らぐ	一体（いったい）	波（なみ）	はじき飛（と）ばす
すれ違（ちが）う	早朝（そうちょう）	容赦（ようしゃ）ない	照（て）りつける
真（ま）（夏（なつ））	（休（やす）む）間（ま）もない	せい	絶（た）える
光（ひかり）	誘（さそ）う	すずかけ	腰（こし）を下（お）ろす
友好（ゆうこう）	印（しるし）	勧（すす）める	取（と）り出（だ）す
遠慮（えんりょ）	（遠慮（えんりょ））がち	あっという間（ま）に	空（から）
一役（ひとやく）	片言（かたこと）	語（かた）りかける	こぼれる
なんで	（〜を）挙（あ）げて	かけ声（ごえ）	（〜の）下（もと）で
理解（りかい）する	（理解（りかい）し）難（がた）い	流（なが）れ出（で）る	届（とど）く
濁（にご）る	エメラルド	ジャンク	姿（すがた）
それにしても	訪（おとず）れる	甲板（かんぱん）	（甲板（かんぱん））上（じょう）
心地（ここち）よい	文字（もじ）どおり	誓（ちか）う	

（場所の名前）　上海　黄浦江

いっしょに考えましょう

1. あなたはどんなときに旅をしたいと思いますか。
2. 旅行は一人で行くのがいいと思いますか。だれかと一緒の方がいいと思いますか。
3. 何で行く旅が好きですか。それはどうしてですか。
4. 日本で行ってみたいところはどこですか。
5. 日本以外ではどこへ行ってみたいですか。

　．．．けたたましく鳴らされるクラクションで目が覚めた。寝ぼけ眼で窓から外を見ると、町はもうすっかり目覚めている。太極拳や朝市へでも向かうのであろう人々と自転車の洪水、そして人や物で一杯のトラック。まだ六時前だというのに町中が人であふれている。さすが中国第一の商業都市上海だけあって、わき上がるようなエネルギーとけん騒で、ホテルの窓も揺らぐかと思えるほどだ。町に出ると、人、自転車、車が一体となってつくり出すエネルギーの波に、はじき飛ばされてしまいそうになる。すれ違う人たちの顔がこんなにも明るく見えるのは、早朝から容赦なく照りつける真夏の太陽のせいなのだろうか。休む間もなく話し続けるどの顔にも、明るい笑いの絶えることがない。

　月の光に誘われて出た夜の町にも、明るい笑顔はあった。すずかけの木の下に腰を下ろしてビールを飲んでいると、私の周りに人が集まってきた。一見して服装の違う人間を珍しいと思ったのだろうか。「日本人か」「どこから来たのか」そういう意味なのだろうと見当はつけてみたが答えられない。そうだ、中国では友好の印にたばこを勧めるのだった。だれかにそう教えてもらったことを思い出して、胸のポケットからたばこの箱を取り出した。しばらくして一人が遠慮がちに手を出した。その手に後が続いて、あっという間に空になってしまった。「謝謝」の声を聞いて「中日友好に一役買ってるんだ」とうれしくなった。片言の日本語で、あるいは上海語で争うように語りかけてくるどの顔にも、笑顔がこぼれている。なんでこんなに明るいのだろう。国を挙げて

＊覚　眼　窓　＊太　極　拳　＊騒　揺　波　＊明　＊早　赦　＊照　＊真
＊絶　＊光　誘　＊下　＊友　＊好　＊印　箱　＊遠　慮　＊後　＊空　＊挙

の経済発展、国際化のかけ声の下_{もと}でがんばることしか知らない私には、この明るさは理解し難_{がた}いものだ。

　...黄浦江から流_{なが}れ出る水がもう届_{とど}かなくなったのだろうか、黄色く濁_{にご}っていた海の色がエメラルド色に変わった。ジャンクの姿_{すがた}ももう見えなくなった。それにしても、あの明るさは何なのだろうか。私はもう一度上海を訪_{おとず}れようと決めた。そしてあの明るさがどこから来るのか、確かめてみたいと思った。

　1985 年夏。『鑑真号』の甲板_{かんぱんじょう}上で心地_{ここち}よい風に吹_ふかれながら、私は文字_{もじ}どおり、上海「再見」を誓_{ちか}った。

　＊下　＊難 届 濁 姿 ＊訪 甲 板 ＊心 吹 ＊文 誓

次の質問に答えてください。

1. この人が起きたとき、窓の外の上海の町はどんな様子でしたか。
2. 「エネルギーの波」をつくり出していたのは何だったと言っていますか。
3. すれ違う人たちは、どんなふうに見えましたか。
4. 夜、すずかけの木の下でビールを飲んでいるとき、どんなことがありましたか。
5. 言葉が分からなくて、どうしましたか。
6. 「中日友好に一役買ってるんだ」と思ったのは、いつですか。
7. この人は、何が理解し難いと言っていますか。
8. 帰りの船の上でどんなことを考えましたか。
9. あなたは初めて外国へ行ったとき、何か忘れられないことがありましたか。
10. 旅行して「もう一度ここを訪れよう」と決めた場所がありますか。それはどうしてですか。

使いましょう

A 「～がち」という言い方を練習しましょう。

例: あしたは<u>くもり</u>がちで、ところによっては雨が降るでしょう。

1. 子供のころは体が弱く、＿＿＿＿＿＿がちだった。
2. 6月、7月は＿＿＿＿＿＿がちで、はっきりしない天気が続く。
3. 年を取ると、いろいろなことを＿＿＿＿＿＿がちになる。
4. 昔の時計は正確ではなく、＿＿＿＿＿＿がちだった。
5. 若いころは＿＿＿＿＿＿と考えがちなものだ。

B-1 「さすが～」という言い方を練習しましょう。

例: 3年間勉強しただけあって、<u>彼</u>はさすがに<u>日本語が上手</u>だ。

1. 国際都市と言われるだけあって、＿＿＿＿＿＿はさすがに＿＿＿＿＿＿。
2. ＿＿＿＿＿＿の王様と言われるだけあって、＿＿＿＿＿＿はさすがに＿＿＿＿＿＿。
3. 10年も＿＿＿＿＿＿ただけあって、＿＿＿＿＿＿はさすがに＿＿＿＿＿＿。

B-2 例: 難しくて、さすがの<u>先生</u>も分からなかった。

1. 寒くて、さすがの＿＿＿＿＿＿も＿＿＿＿＿＿。
2. からすぎて、さすがの＿＿＿＿＿＿も＿＿＿＿＿＿。
3. 40度の熱があって、さすがの＿＿＿＿＿＿も＿＿＿＿＿＿。

C 「〜の下で」という言い方を練習しましょう。

例: 国際化のかけ声の下で私たちはがんばった。

1. 彼は15歳まで両親の下で＿＿＿＿＿。

2. 厳しい先生の下で＿＿＿＿＿。

3. 新しい社長の下で＿＿＿＿＿。

4. 経済発展のかけ声の下で＿＿＿＿＿。

5. 周りの人々の暖かい援助の下で＿＿＿＿＿。

D 「それにしても」という言い方を練習しましょう。

例: A: ああ、やっぱりたばこはおいしいですね。
　　B: 本当においしそうですね。それにしても、一日に30本は、多すぎますよ。

1. A: 山田さんは今日はまだ来ませんね。
　　B: ええ、遅れると言っていましたから。それにしても、＿＿＿＿＿。

2. A: やっと終わりました。たくさんありましたからね。
　　B: ご苦労さま。それにしても、＿＿＿＿＿。

3. A: このセーターどうですか。3万円もしたんですよ。
　　B: いいですね。それにしても、＿＿＿＿＿。

4. A: この学校は宿題が多いと聞いていましたが。
　　B: ええ、それにしても、＿＿＿＿＿。

5. A: この美術館はよくこんなにたくさんの作品を集めたものですね。
　　B: そうですね。それにしても、＿＿＿＿＿。

／ まとめましょう ／

下線に言葉を入れて本文をまとめてください。

　　上海の町は、朝早くから＿＿＿＿＿だった。その町に出てみて驚いたことは、どの人もみんな＿＿＿＿＿ことだった。また夜の町でも＿＿＿＿＿に会った。日本では＿＿＿＿＿しか経験をしたことがないので、このような明るさはとても＿＿＿＿＿。帰りの船の中で＿＿＿＿＿と思った。

／ 話しましょう ／

A 第22課を読んである人が次のように言いました。あなたはどう思いますか。

　　「この人が見たのは、上海の生活の全部ではないのだから、旅行で見たり聞いたりしたことだけで、すぐに上海の人はどうだと決めてしまうのはよくない。上海に旅行して、この人と反対の考えを持った人もいると思います」

125

B　これまで忘れられない旅がありましたか. その話をしてください。

書きましょう

A-1 _____のは、_____せいだったのだろうか。

例: 真夏の太陽の下で、道で会う人たちはとても明るい顔をしていた。
　　→道で会う人たちの顔がとても明るく見えたのは、真夏の太陽のせいだったの
　　だろうか。

1. 疲れていて、せっかくの料理も食べられなかった　→

2. 真っ白い服を着た妹はいつもよりきれいに思えた　→

3. 田舎から出てきたばかりだった私には、町はとても大きく見えた　→

A-2 _____でも_____のであろうか。_____というのに、_____。

例: 朝市へ行く
　　→朝市へでも行くのであろうか。朝の6時だというのに、町中が人であふれて
　　いる。

1. 試験がある　→

2. パーティをしている　→

3. 交通事故があった　→

新しい言葉

シャボン玉（だま）	屋根（やね）	飛（と）ばす	詩（し）
作者（さくしゃ）	七色（なないろ）	輝（かがや）く	舞（ま）う
歌詞（かし）	およそ	考（かんが）えつく	奥（おく）
叫（さけ）び	託（たく）す	我（わ）が子（こ）	余裕（よゆう）
やむを得（え）ない	か弱（よわ）い	命（いのち）	間引（まび）く
吹（ふ）き散（ち）らす	鎮魂歌（ちんこんか）	人知（ひとし）れず	貧（まず）しい
農民（のうみん）	代（か）わる	請（こ）う	涙（なみだ）
祈（いの）る	〜以上（いじょう）	最低（さいてい）	底（そこ）
震（ふる）える	ぶつける	虹（にじ）	光（ひか）り輝（かがや）く
作物（さくもつ）	実（みの）る	不要（ふよう）（な）	一部（いちぶ）
空（あ）ける	農村（のうそん）	応（おう）じる	

いっしょに考えましょう

1. 子供のときにどんな歌を歌ったか教えてください。
2. 子供のときに歌った歌で、一番好きな歌はどんな意味の歌ですか。
3. 今、どんな歌が好きですか。
4. それはどこで覚えた歌ですか。
5. その歌を歌うと、どんな気持ちになりますか。

　　　シャボン玉飛んだ　　　屋根まで飛んだ

　　　屋根まで飛んで　　　壊れて消えた

　　　風々吹くな　　　シャボン玉飛ばそ

　この詩の作者、野口雨情の目に映っていたのは、七色に輝きながら青空を舞う、そんなシャボン玉ではありませんでした。歌詞からはおよそ考えつかないような心の奥からの叫びをシャボン玉に託して歌ったのです。我が子どころか、自分たち自身の明日の生活の余裕さえない親は、やむを得ず、生まれてすぐのか弱い命を間引かなければならなかったのです。風に吹き散らされて次々に消えていく命短いシャボン玉を見ながら、雨情が作ったこの詩は、幼い命への鎮魂歌だったのです。

　　　シャボン玉消えた　　　飛ばずに消えた

　　　生まれてすぐに　　　壊れて消えた

　　　風々吹くな　　　シャボン玉飛ばそ

　人知れず幼い命を間引かなければならなかった貧しい農民たちに代わって、雨情が許しを請い、涙を流しています。「風よ、吹くな」と祈っています。悲しい祈りは怒りに変わります。「いくら貧しい農民でも人間である以上、人間としての最低の生活があっていいはずだ」この心の底からの震えるほどの怒りをだれにぶつけていいのか、農民たちも雨情も知りませんでした。一人の力では何もできないことを知っていた雨情は、子供たちと一緒にシャボン玉を飛ばそうと考えました。子供たちと

---

*根　詩　輝　舞　*歌　詞　奥　叫　託　*我　*明　*日　余　裕

得　*命　*散　鎮　魂　貧　請　涙　祈　*低　震

一緒に「風よ、吹くな」「シャボン玉よ、飛べ。どこまでも、どこまでも」と、そう祈りながら。幼い命の一つ一つが、広い青空に向かって、虹のように光り輝きながら飛んでくれることを雨情は心から祈っていたのです。

「間引く」は、学習研究社「国語大辞典」には、① 作物をよりよく実らせるために、不要な一部を抜き取って間を空けること、② 農村などで、育てられない生まれてすぐの子を殺すこと、と書かれています。雨情の時代と比べると、もう「間引き」などという言葉は忘れられてしまうほど豊かな社会になりました。悲しい昔を思い出す必要はないという考えからなのでしょうか、「シャボン玉」の歌が歌われることも少なくなってしまいました。社会の豊かさに応じて、人間の心も豊かになったと考えられているのでしょうか。しかし飛ばずに消えるシャボン玉や、屋根までしか飛べなかったシャボン玉の数は昔と同じぐらい、あるいはそれ以上なのではないでしょうか。家や車のお金がいるからといって、許しも請わず、涙も流さず、簡単に幼い命を「間引く」豊かな親たちがおおぜいいるのです。勉強ができないからといって「不要な一部」の子供たちを「間引く」先生たちも多いということです。

<blockquote>
シャボン玉おいで　　ここまでおいで
消えずに飛んで　　ここまでおいで
風々消すな　　シャボン玉消すな
</blockquote>

シャボン玉の歌を聞くと、雨情のこんな声が、私には聞こえてくるのです。

虹　*物　*村　殺　*応

次の質問に答えてください。

1. 雨情はどんな気持ちを託そうとしてこの歌を作ったのですか。
2. 昔の人はどうして子供の命を間引かなければならなかったのですか。
3. 雨情はそのことに対して、どのように考えていますか。
4. 雨情が、心から祈っていたのはどんなことですか。
5. 「間引く」は何に使われていた言葉ですか。
6. どうして、この言葉が忘れられてしまうようになったのですか。
7. 今も子供を「間引く」人がいます。どんな人ですか。
8. 「心の豊かさ」という言葉で表されるものは、どんなものでしょう。
9. この歌からあなたは何を感じますか。
10. あなたの国にもこれと同じような歌がありますか。

使いましょう

A 「〜以上」という言い方を練習しましょう。

例: 学生である以上、勉強をすべきだ。

1. せっかく日本に来た以上、_____。
2. 生きている以上、_____。
3. 結婚した以上、_____。
4. _____以上、これからまじめに働こうと思います。
5. _____以上、早くほかの仕事をさがそうと思います。

B 「〜に応じて」という言い方を練習しましょう。

例: きせつに応じて、着るものを変えます。

1. 新聞の広告に応じて_____。
2. 友達の勧めに応じて_____。
3. _____に応じて味をこくしたりうすくしたりします。
4. _____に応じて練習問題やテストを作ります。
5. _____に応じて運動の量を考えなければなりません。
6. 人々は_____に応じた服装をしています。
7. _____に応じた生活をしていれば、問題はないはずです。
8. うちの会社では_____に応じた_____。

C 「〜なんて、およそ〜ない」という言い方を練習しましょう。

例: そんな事故が起こるなんて、およそ<u>考えられない</u>。

1. 家や車を買うために子供を殺すなんて、およそ_____。

2. 同じ間違いを繰り返すなんて、およそ_____。

3. _____なんて、およそ見当も付かない。

4. _____なんて、およそ無意味だ。

5. _____なんて、およそ今までに例のないことだ。

D 「やむを得ず〜（する）」という言い方を練習しましょう。

例: やむを得ず彼らは<u>子供を殺す</u>。

1. 忙しかったのですが、だれもやりたがらないので、やむを得ず_____。

2. けさから熱があったのですが、用事があったので、やむを得ず_____。

3. 両親が病気になったので、やむを得ず_____。

4. _____ので、やむを得ず会うことにしました。

5. _____ので、やむを得ず_____。

まとめましょう

下線に言葉を入れて本文をまとめてください。

　　シャボン玉の歌は_____への鎮魂歌だ。雨情が_____に代わって、_____ものである。雨情の時代と違って社会は豊かになったが、今でも_____。

話しましょう

A 第23課を読んで、ある人が次のように言いました。あなたはどう思いますか。

　「みんなが豊かな生活ができるよう、子供の数を決め、それ以上子供をうまないのは、現代では当たり前のことです。世界の人口問題のことを考えてみれば、それは、すぐ分かると思います」

B 学校の先生がする「間引き」をなくすにはどうすればよいと思いますか。

書きましょう

A-1 _____と比べると、信じられないほど_____（に）なり、_____ともなくなった。

例: 雨情の時代
　　→ 雨情の時代と比べると、信じられないほど豊かな社会になり、シャボン玉の歌が歌われることもなくなった。

　1.　私の子供時代　　→

　2.　日本に来たばかりのころ　　→

　3.　この仕事を始める前　　→

Ａ-2　＿＿＿＿＿＿＿からといって、＿＿＿＿＿＿ず、＿＿＿＿＿＿ず、＿＿＿＿＿＿がいます。

例: 家や車のお金がいる
　　→ 家や車のお金がいるからといって、許しも請わず、涙も流さず、簡単に幼い命を「間引く」豊かな親たちがいます。

　1.　学校がつまらない　　→

　2.　お金がない　　→

　3.　仕事が生きがいだ　　→

Ｂ　信じられないほど＿＿＿＿＿＿て、＿＿＿＿＿＿と比べると＿＿＿＿＿＿。しかし、いくら＿＿＿＿＿＿からといって、＿＿＿＿＿＿ずに＿＿＿＿＿＿のはどうだろうか。

例: 今の生活が豊かなので、しょうらいのことを考えなくなった
　　→ 信じられないほど豊かな社会になって、食べ物がなかったころの生活と比べると夢のようだ。しかし、いくら物があるからといって、しょうらいのことも考えずに生活するのはどうだろうか。

　1.　社会が忙しくなったので、周りの人のことを考えなくなった　　→

　2.　病気で1か月前まで入院していた人が、日曜日も休まずに昔以上に働いている　　→

　3.　物がいくらでもあるので、壊れても直さずに新しいのを買う　　→

新しい言葉

医療	助かる	器具	導入する
ケース	長生きする	目標	平均寿命
試験管ベビー	(第一)号	植物人間	脳死
取り上げる	脳	人工呼吸器	心臓
状態	患者	本人	外す
願い	認める	臓器	移植
手術	関連する	(〜)をはじめ	各界
専門家	並びに	提供	(〜)をめぐって
状況	必ずしも〜ない	〜わけにはいかない	最大限
考え直す	がん	治療	万に一つ
可能性	妊娠	異状	産む

いっしょに考えましょう

1. 大きな病気やけがで入院したことがありますか。
2. あなたの知っている人が入院したことがありますか。
3. あなたの国にある、昔から使われている病気のなおし方を話してください。
4. 昔はなかったけれど、今はよく使われている病気のなおし方の例を挙げてください。
5. 新しい技術を使って、昔はなおせなかった病気が今はなおせるようになりましたが、その結果、どんなことが起こっているか考えてください。

　最近の医療技術の進歩はすばらしい。昔だったら助からなかった人が、新しい薬や医療器具が導入されることにより元気になるケースも少なくない。医者は人間が一日でも長生きできることを目標に研究を続けてきた。そのおかげで平均寿命は毎年長くなり、今は80歳近い。また、1978年には『試験管ベビー』第一号が誕生している。この技術は今までは生まれてくることのなかった新しい命を生み出した。このように医療技術の進歩は目覚ましい。しかしその一方で、いろいろと考えさせられる問題も起こってきた。その一つはいわゆる植物人間であり、最近は脳死の問題も大きく取り上げられている。

　脳死というのは、脳の働きが止まり、人工呼吸器によって心臓だけが動いている状態である。患者本人の意識はもちろんなく、身体中に器具を付けられ、ただ眠っている状態である。話しかけても返事もしないし、笑うことも泣くことも、食べることも飲むこともできないのである。1976年にアメリカでは、こんな脳死状態になった子供の人工呼吸器を外してほしいと言った両親の願いが認められたケースもある。また、最近大きな話題になっている臓器移植手術の問題とも関連して、医者をはじめ、各界の専門家、患者、並びに臓器提供者の立場からも、この脳死をめぐって様々な意見が出されている。

　今までは人間に幸福を運んできたように思われる医療技術だが、現在の状況を見ると、必ずしもそうだと言うわけにはいかなくなってき

療　導　標　均　寿　*命　号　誕　脳　*呼　*吸　臓　状　患

*者　*身　*体　泣　*外　認　移　*連　各　専　*並　提　*供

*幸　福　況

た。本当の人間の幸せとは、現代の医療技術を最大限に利用して一つの命をできるだけ長く生かすことなのだろうか。人間の生と死とは何かをもう一度考え直すべきであろう。

皆さんはどう思いますか。次のアンケートを通して考えてみましょう。

1. あなたの家族ががんになったら、どんな治療をしてもらいますか。
   A. 少しでも長く生きるための治療をしてもらう。
   B. 命は短くなっても痛みの少なくなるような治療をしてもらう。
   C. その他

2. あなた自身ががんになったらどうですか。
   A.　　　　　　　B.　　　　　　　　C.

3. もしあなたの家族が交通事故に遭い脳死状態になったら、あなたはどうしますか。
   A. 万に一つの可能性を信じ、心臓が動いている限り、死と認めない。
   B. 人工呼吸器を付けない状態で心臓が動かないなら、死と考え、あきらめる。
   C. その他

4. 例えばの話です。あなたは心臓が悪く、治療は脳死状態の人の心臓をもらうしかありません。あなたは脳死状態の人の心臓をもらいますか。
   A. もらう　　　　B. もらわない　　　C. その他

5. 妊娠中に赤ちゃんに異状があると分かりました。それは今の医療技術では治療できません。どうしますか。
   A. 産む　　　　B. 産まない　　　　C. その他

*限　治　妊　娠　異　*産

次の質問に答えてください。

1.　医療技術の進歩でどのようなことが変わりましたか。
2.　医者は何を目標に研究を続けてきましたか。
3.　その結果、何が変わりましたか。
4.　1978年に何がありましたか。それも医療技術の進歩と関係がありますか。
5.　1976年にはどんなことがありましたか。
6.　脳死というのはどんな状態ですか。
7.　それは植物人間とは違いますか。
8.　最近脳死に関連して大きな話題になっているのは何ですか。
9.　現在の医療であなたがおかしいと思うことは何ですか。
10.　これからの医療で一番考えられなければならないと思うことは何ですか。

A　「その一方で〜」という言い方を練習しましょう。

　例：現代の医療技術は昔だったら生まれなかった命を生み出した。しかしその一方
　　　で、いろいろと考えさせられる問題も起きている。

1.　自動車が増えて便利になった。しかしその一方で、＿＿＿＿＿＿。
2.　経済が発展して、生活が豊かになった。しかしその一方で、＿＿＿＿＿＿。
3.　多くの女性が働くようになった。しかしその一方で、＿＿＿＿＿＿。
4.　カードで買い物ができ、便利になった。しかしその一方で、＿＿＿＿＿＿。
5.　川や海が少しずつきれいになってきた。しかしその一方で、＿＿＿＿＿＿。

B　「〜をはじめ」という言い方を練習しましょう。

　例：医者をはじめ、各界の専門家から様々な意見が出されている。

1.　今度の計画は、社長をはじめ＿＿＿＿＿＿。
2.　その劇的な瞬間は、テレビをはじめ＿＿＿＿＿＿。
3.　私の家では、父をはじめ＿＿＿＿＿＿。
4.　＿＿＿＿＿＿をはじめ、全員が反対しています。
5.　＿＿＿＿＿＿をはじめ、いろいろ有名な所へ行きました。

C　「〜をめぐって」という言い方を練習しましょう。

　例：脳死をめぐって、様々な意見が出された。

1. 昨日の会議では、新しい商品の開発をめぐって、＿＿＿＿＿＿＿。
2. 臓器移植をめぐって、＿＿＿＿＿＿＿。
3. 父の残した土地をめぐって、＿＿＿＿＿＿＿。
4. ＿＿＿＿＿＿＿をめぐって、様々な意見が出された。
5. ＿＿＿＿＿＿＿をめぐって、あちらこちらで会議が開かれた。

D 「～わけにはいかない」という言い方を練習しましょう。

例: <u>人の心の問題を無視する</u>わけにはいかない。

1. 社長だからといって、＿＿＿＿＿＿＿わけにはいかない。
2. いくらお酒が飲めなくても、＿＿＿＿＿＿＿わけにはいかない。
3. 先生にたのまれたのだから、＿＿＿＿＿＿＿わけにはいかない。
4. 母に知られたら、＿＿＿＿＿＿＿わけにはいかない。
5. 持っているお金を全部使ってまで＿＿＿＿＿＿＿わけにはいかない。

まとめましょう

下線に言葉を入れて本文をまとめてください。

　　最近の医療技術はすばらしい。昔は＿＿＿＿＿＿＿が、今では医学の力で、＿＿＿＿＿＿＿ようになった。しかしその一方で、＿＿＿＿＿＿＿。＿＿＿＿＿＿＿もその一つである。＿＿＿＿＿＿＿もなく、＿＿＿＿＿＿＿もできない人を＿＿＿＿＿＿＿ことが、本当に人間を幸福にするのだろうか。医療技術の問題を考えるとき、＿＿＿＿＿＿＿。

話しましょう

A 第24課を読んである人が次のように言いました。あなたはどう思いますか。

　　「長生きすればするほど幸福だと多くの人は考えているようですが、違うと思います。人間の幸せは生きる長さとは関係ないと思います。長くても短くてもそれぞれ意味があると思います。人間は自然に生まれ、死ぬのが一番いいと思います。」

B なおらない病気にかかった患者に医者はそれを知らせるべきだと思いますか。

書きましょう

A-1　今までは＿＿＿＿＿＿＿が、＿＿＿＿＿＿＿を見ると、必ずしも＿＿＿＿＿＿＿。

例: 医療技術の進歩は人間に幸せをもたらすと信じられてきた
　　→ 今までは<u>医療技術の進歩は人間に幸せをもたらすと信じられてきた</u>が、<u>現在</u>

137

の状況を見ると、必ずしもそうだとは言えない。

1. 新聞やテレビはいつも正しい報道をすると信じられてきた　→

2. 長生きは幸せだと言われてきた　→

3. 日本人は礼儀正しいと言われてきた　→

Ａ-2　＿＿＿＿＿を目標に＿＿＿＿＿てきた。そのおかげで、＿＿＿＿＿。

　例：　人間が一日でも長生きできること
　　　　→医者は、人間が一日でも長生きできることを目標に研究を続けてきた。その
　　　　おかげで、平均寿命は長くなり、今は80歳近い。

1. 人間が月へ行くこと　→

2. 地球を自然破壊から守ること　→

3. 通信技術を発達させること　→

138

第25課

新しい言葉

有数 ゆうすう	大国 たいこく	資源 しげん	資本 しほん
小国 しょうこく	困難 こんなん	克服する こくふく	(〜に)わたる
石油 せきゆ	危機 きき	円高 えんだか	乗り切る の き
(〜)における	果たして は	奇跡的(な) きせきてき	キーワード
独特 どくとく	雇用(する) こよう	制度 せいど	終身雇用制 しゅうしんこようせい
〜ばかりか	給与 きゅうよ	年功序列 ねんこうじょれつ	(〜に)したがって
次第に しだい	帰属意識 きぞくいしき	物語る ものがた	優秀(な) ゆうしゅう
人材 じんざい	確保する かくほ	長期的(な) ちょうきてき	視野 しや
市場 しじょう	競争力 きょうそうりょく	商品 しょうひん	目指す めざ
対応する たいおう	従業員 じゅうぎょういん	幅広い はばひろ	身に付ける み つ
伸びる の	(父親)役 ちちおや やく	伸ばす の	しかしながら
目を向ける め む	公害 こうがい	価値 かち	見失う みうしな
〜つつある	株式会社 かぶしきがいしゃ	(冗談)まじり じょうだん	(この)へん
事情 じじょう	問う と	貿易 ぼうえき	摩擦 まさつ
黒字 くろじ	減らす へ	〜たび	目先 めさき
とらわれる	役立てる やくだ		

いっしょに考えましょう

1. 日本の経済について、あなたの知っていることはどんなことですか。
2. 会社を選ぶとき、どんな点を考えて選びますか。
3. あなたの国では、定年まで働く人が多いですか。
4. あなたの国が、これからも経済発展するために問題だと思うことは何ですか。
5. 経済発展をした国が果たすべき役割は何だと思いますか。

のびる

　戦後わずか 40 年ほどの間に、世界有数の経済大国に発展した日本。資源も資本も持たないアジアの小国日本が、戦後の困難を克服し、二度にわたる石油危機、さらには円高による経済危機をも乗り切り、世界経済における重要な役割を果たすまでに発展できた原因は、果たして、何だったのであろうか。

　奇跡的とも呼べるこの経済発展を理解するキーワードのひとつとなるのが、日本独特の雇用制度、いわゆる、「終身雇用制」と呼ばれるものである。この制度の下では、雇用される側は、一度会社に入れば、定年退職するまでは生活の心配をする必要がない。そればかりか、給与や地位も、年功序列にしたがって、次第に上がっていくということから、当然のことながら、働いているうちに、その会社に対する強い帰属意識を持つようになる。仕事は何かとたずねられて、仕事の内容ではなく、会社の名前を答える日本人が多いということは、このことを物語っている。

　一方、雇用する側からすれば、一度優秀な人材を確保しておきさえすれば、長期的視野に立って企業経営を考えることができた。すなわち、世界市場で十分な競争力を持った商品の開発を目指し、新しい技術を導入し、それに対応できるよう従業員に、幅広い技術を身に付けさせることが可能だったわけである。

　よく言われることだが、日本の企業がここまで伸びられたのは父親役の社長を中心に、企業全体が帰属意識という見えない糸で結ばれた家族

---

*大　*難　克　奇　跡　雇　*終　*身　*与　功　列　*帰　*優　秀
保　指　従　幅　伸

として動いてきたからである。その家族のみんなが一生懸命企業を伸ばすために努力を続け、その結果、日本全体の経済も世界有数のものと言われるまでに育ったのである。

　しかしながら、経済発展にだけ目を向けているうちに、ひどい公害を生み出し、自然破壊を続けてきたばかりでなく、人の心までも汚してしまったということも事実だ。金と物だけが大切にされ、本当に価値のあるものが見失われつつある今の日本が、「日本株式会社」と冗談まじりに呼ばれるのも、このへんに事情があるようである。

　今、日本が問われているのは、経済大国「日本株式会社」としてではなく、本当の大国としての役割を果たすことである。貿易摩擦、黒字減らしなどの問題が起こるたびに、それら目先の問題にばかりとらわれるのではなく、地球家族の一員として、家族全体がより大きく発展できるように、これまでの経験を役立てること、それこそ日本が、国際社会で果たすべき役割なのである。

害　値　*失　株　*問　貿　易　摩　擦　減

次の質問に答えてください。

1. 戦後日本はどのような経済危機を経験しましたか。
2. 日本がそれらの危機を克服できた原因のひとつは何ですか。
3. 終身雇用制とはどんなものですか。
4. 終身雇用制によって日本人は会社にどんな意識を持つようになりましたか。
5. 終身雇用制は、雇用する側にとって、どんな良い点がありますか。
6. その結果、どんなことが可能になりますか。
7. 日本の企業は、よく何に例えられますか。
8. 「日本株式会社」と冗談まじりに呼ばれるのは、どうしてですか。
9. あなたの国には、どのような経済問題がありますか。
10. あなたの国のこれからの経済発展にとって、一番大きな問題は何ですか。

使いましょう

A 「～における／～においては」という言い方を練習しましょう。

例: 世界経済における日本の役割は重要になっている。

1. 現代におけるマスコミの役割は_____。
2. 家庭における母親の役割は_____。
3. 職場における男性の立場は_____が、家庭においては_____。
4. 日本の企業においては_____が大きな問題だ。
5. 人口の多い都市においては_____が問題になっている。

B 「～さえ～ば」という言い方を練習しましょう。

例: A: 会社を経営するのに、一番大切なことは・・・。
   B: 優秀な人材さえ確保できれば、後は、あまり問題ないですよ。

1. A: これ、だれにでも簡単に使えますか。
   B: ええ、ここに書いてある説明さえ_____ば、_____。
2. A: 日本の大学生はどうして勉強しないんですか。
   B: _____さえ_____ば、後は卒業できると思ってるんですよ。
3. A: まだできないんですか。
   B: ええ、後は_____さえ_____ば、それで終わりです。
4. A: _____さえ_____ば、食べられると書いてあるんですが。
   B: そうですよ。中にお湯を入れて、3分間待てば食べられます。
5. A: あなたは頭がいいんだから、後は_____さえ_____ば、_____。
   B: そうですか。でも日本の大学へ入るのはそんなに簡単じゃないでしょう。

C 「～たびに」という言い方を練習しましょう。

例: 日本経済はそのたびに<u>これを乗り切ってきた</u>。

1. あの人はクリスマスのたびに_____。

2. あの人は会うたびに_____。

3. 本屋へ行くたびに_____。

4. 新しい経験をするたびに_____。

5. 毎年夏が来るたびに_____。

D 「～つつある」という言い方を練習しましょう。

例: <u>経済発展にばかり目を向けること</u>によって、<u>価値あるものを見失い</u>つつある。

1. 地球の自然は_____によって_____つつある。

2. 日本の雇用制度は_____によって_____つつある。

3. 社会の上下関係は_____によって_____つつある。

4. 平均寿命は_____によって_____つつある。

5. 親子の関係は_____によって_____つつある。

まとめましょう

下線のところに言葉を入れてください。

　　　日本が経済大国になった原因の一つは、_____である。このおかげで、働く側は_____し、雇用する側も_____ことができた。
　　　しかし、_____うちに、_____ような社会になってしまった。今、日本が本当にしなければならないことは、_____である。

話しましょう

A 第25課を読んで、ある人が次のように言いました。あなたはどう思いますか。

　　　「私の国では定年まで一つの会社にいる人は少なく、自分に合わなければどんどん職場を変えます。若くても仕事ができれば、課長や部長になれ、日本の会社のように長く勤めていれば、力がなくても上司になれるということはありません」

B 今一番話題になっている経済問題は何ですか。それについて話し合いましょう。

A ＿＿＿＿＿＿＿は、一度＿＿＿＿＿＿＿と＿＿＿＿＿＿＿まで＿＿＿＿＿＿＿。それを＿＿＿＿＿＿＿
人もいるが、＿＿＿＿＿＿＿からすると＿＿＿＿＿＿＿。

例： 会社に入る / 雇用する側
→ 日本人は、一度会社に入ると定年まで同じ会社で働く。それを不思議だと言
う人もいるが、雇用する側からするとそうでなくては困るのである。

1. テレビを見始める / 番組を作る側　→

2. パチンコの面白さを知る / 店を経営する側　→

3. 車に乗り始める / 車を売る側　→

B ＿＿＿＿＿＿＿からすると、一度＿＿＿＿＿＿＿ら、＿＿＿＿＿＿＿まで＿＿＿＿＿＿＿と＿＿＿＿
＿＿＿のだが、果たして＿＿＿＿＿＿＿ことが可能なのだろうか。

例： 会社は、雇用した人全員に、定年まで満足して働いてほしいと願う
→ 雇用する側からすると、一度雇用したら全員が定年まで満足して働いてくれ
るといいのだが、果たして、みんなが満足して何十年も働くということが可能
なのだろうか。

1. 消費者は、買った商品が必要ではなくなるまで壊れないでほしいと願う　→

2. 雇用される者は、死ぬまで心配のない生活を約束してくれることを願う　→

3. 部屋を借りる者は、部屋代がずっと同じであってほしいと願う　→

索　引

146

149

150

153

著 作 者

荒井礼子 　（神戸 YMCA）

太田純子 　（神戸 YMCA）

大薮直子 　（大阪 YMCA）

亀田美保 　（大阪 YMCA）

木川和子 　（大阪 YMCA）

長田龍典 　（大阪 YMCA）

松田浩志 　（大阪 YMCA）

中級から学ぶ日本語

KENKYUSHA

〈検印省略〉

1991 年 4 月 25 日　初版発行

1997 年 10 月 23 日　19刷発行

著　者　　荒 井 礼 子 ほか

発行者　　浜 松 義 昭

印刷所　　研究社印刷株式会社

発 行 所　　研究社出版株式会社

〒 102-8152
東京都千代田区富士見 2-11-3
電話（編集）03 (3288) 7755 (代)
　　（販売）03 (3288) 7777 (代)
振　替　00170-2-83761

ISBN4-327-38426-7 C1381

Printed in Japan

装丁 / 集美堂

ISBN4-327-38426-7

C1381 ¥2320E

定価（本体 2,320 円＋税）

9784327384265

1921381023206